Discovery EDUCATION
맛있는 과학

디스커버리 에듀케이션
맛있는 과학-04 에너지

1판 1쇄 발행 | 2011. 11. 4.
1판 4쇄 발행 | 2018. 3. 11.

발행처 김영사
발행인 고세규
등록번호 제 406-2003-036호
등록일자 1979. 5. 17.
주   소 경기도 파주시 문발로 197(우10881)
전   화 마케팅부 031-955-3102 편집부 031-955-3113~20
팩   스 031-955-3111

Photo copyright©Discovery Education, 2011
Korean copyright©Gimm-Young Publishers, Inc., Discovery Education Korea Funnybooks, 2012

값은 표지에 있습니다.
ISBN 978-89-349-5258-9 64400
ISBN 978-89-349-5254-1 (세트)

좋은 독자가 좋은 책을 만듭니다. 김영사는 독자 여러분의 의견에 항상 귀 기울이고 있습니다.
독자의견전화 031-955-3139 | 전자우편 book@gimmyoung.com | 홈페이지 www.gimmyoungjr.com
어린이들의 책놀이터 cafe.naver.com/gimmyoungjr | 드림365 cafe.naver.com/dreem365

어린이제품 안전특별법에 의한 표시사항

제품명 도서 제조년월일 2017년 4월 11일 제조사명 김영사 주소 10881 경기도 파주시 문발로 197
전화번호 031-955-3100 제조국명 대한민국 ⚠주의 책 모서리에 찍히거나 책장에 베이지 않게 조심하세요.

최고의 어린이 과학 콘텐츠
디스커버리 에듀케이션 정식 계약판!

Discovery EDUCATION
맛있는 과학

4 | 에너지

진소영 글 | 최승협 그림 | 류지윤 외 감수

주니어김영사

 차례

1. 모든 생물에게 필요한 에너지

에너지란 무엇일까요? 8
- TIP 요건 몰랐지? 일이 무엇인지 좀 더 알아보아요. 15

식물은 어떻게 에너지를 얻을까요? 16
- TIP 요건 몰랐지? 기공 20

동물은 어떻게 에너지를 얻을까요? 21
- TIP 요건 몰랐지? 생산자·소비자·분해자 24 | 여름잠 자는 동물들 25 | 증기 기관의 발명 30

모습을 바꾸는 에너지 32
- Q&A 꼭 알고 넘어가자! 36

2. 여러 가지 에너지

운동에너지 40
위치에너지 44
열에너지 49
- TIP 요건 몰랐지? 스모그 54

빛에너지 55

화석에너지 58
　　TIP 요건 몰랐지? 화학 변화는 에너지를 만들어요 64

전기에너지 65
　　TIP 요건 몰랐지? 전기를 연구한 과학자들 72

재생에너지 74
　　TIP 요건 몰랐지? 태양열 조리기 78
　　Q&A 꼭 알고 넘어가자! 90

3. 에너지 절약

왜 에너지를 절약해야 하나요? 94

환경 보호와 에너지 절약 98
　　TIP 요건 몰랐지? 생태 도시 100

에너지 절약 방법 102
　　Q&A 꼭 알고 넘어가자! 106

관련 교과
초등 5학년 2학기 8. 에너지
중학교 1학년 4. 생물의 구성과 다양성, 6. 식물의 영양
중학교 2학년 1. 열에너지
중학교 3학년 2. 일과 에너지

1. 모든 생물에게 필요한 에너지

여러분은 에너지라는 말을 알고 있지요? 에너지가 무엇인지 설명해 줄 수 있나요? 알고는 있는데 설명하기 어려울 거예요. 에너지가 무엇인지, 어디에 쓰이는지, 어떻게 절약할 수 있는지 함께 알아보아요.

 ## 에너지란 무엇일까요?

신 나게 달리기나 축구를 하면 힘이 들지요? 이때 계속 달릴 수 있게 해 주고 공을 찰 수 있게 해 주는 것이 바로 에너지입니다. 더 빨리, 더 힘껏 움직일수록 더 많은 에너지가 필요해요. 그렇다고 에너지가 운동할 때만 쓰이지는 않아요. 가방을 들거나 글씨를 쓸 때, 심지어는 숨을 쉴 때도 쓰인답니다. 우리가 몸을 움직이고 활동할 수 있게 해주는 것이 바로 몸 안의 에너지예요. 동물도, 식물도 살아 움직이려면 에너지가 필요합니다.

사람이 서 있는 데도, 나귀가 풀을 뜯는 데도 에너지가 필요하다.

이 말은 사람은 물론 모든 생물이 움직이고 생명을 유지할 수 있게 해 주는 것이 바로 에너지라는 뜻이에요.

하지만 이것이 에너지의 전부는 아니랍니다.

자동차도 움직이려면 에너지가 필요해요. 기름을 넣은 자동차는 에너지가 생겨 잘 달리지만 기름이 떨어지면 멈춰 서고 말지요. 텔레비전이나 컴퓨터도 전기 플러그를 뽑으면 켜지지 않고, 휴대전화도 배터리가 다 되면 꺼지지요. 기계를 작동시켜 주는 석유, 가스, 전기도 에너지의 한 종류입니다.

에너지가 없으면 바람도 불지 않고 비도 내리지 않을 거예요. 파도가 치는 것도, 밀물과 썰물이 생기는 것도 에너지가 있기 때문이에요.

이와 같이 에너지란 무엇인가를 움직이게 하는 힘입니다.

나무가 자라고 열매를 맺는 데도 에너지가 필요해.

기차가 빠르게 달리려면 연료를 넣어야 한다.

에너지를 과학적으로 말하자면 바로 일을 할 수 있는 능력이에요.

물론 여기서 말하는 일은 우리가 평소에 "할 일이 너무 많아", "무슨 좋은 일 있니?"라고 할 때의 일과는 다른 뜻이에요. 과학에서는 물체에 외부 힘이 작용해 그 물체가 힘의 방향으로 움직였을 때 비로소 일을 했다고 합니다.

이제 에너지가 무엇인가를 움직이게 할 수 있는 능력이라는 사실을 이해했지요? 그 움직임은 기차를 움직이는 것처럼 클 수도 있고 공기를 움직이는 것처럼 작을 수도 있어요.

그렇다면 에너지 종류에는 무엇이 있을까요? 우리가 당연하게 생각했던 많은 현상이 여러 에너지가 있기 때문에 이루어진다는 사실을 알면 놀라게 될 거예요.

에너지

에너지라는 말은 '일'이라는 의미의 그리스어 '에르곤(ergon)'에서 유래한 그리스어 '에네르게이아(energeia)'가 변한 말이에요. 이 말은 일을 하는 능력이라는 뜻인데, 19세기에 자연 과학이 발달하기 시작하면서 사용되었어요. 처음에는 에네르기(energie)라는 표기로 사용되다가 에너지(energy)로 바뀌어 널리 보급되었습니다.

공을 위로 던져 올리면 아래로 떨어지지요. 미끄럼틀에 올라가면 미끄럼틀 판을 타고 아래로 내려올 수 있어요. 이렇게 높은 곳에 있는 물체가 지니는 에너지를 위치에너지라고 합니다.

굴러가는 볼링공은 볼링핀을 쓰러뜨립니다. 자전거 페달을 열심히 밟으면 자전거가 앞으로 나아가고요. 이처럼 운동하는 물체가 지니는 에너지를 운동에너지라고 합니다. 바람에도 운동에너지가 있어요. 바람은 구름을 흐르게 하고, 바람개비나 풍차를 돌아가게 하지요.

자전거는 페달을 밟아 나아간다.

네덜란드에서는 풍차를 돌려 물을 퍼냈다.

새총의 고무줄을 당기면 돌멩이를 날려 보낼 수 있어요. 분무기 손잡이에는 용수철이 있어 당겼다 놓으면 원래 자리로 돌아가면서 계속 물을 뿜어주어요. 화살을 꽂고 활시위를 당겼다 놓으면 화살을 쏘아 보낼 수 있어요. 또 고무줄은 잡아당기면 늘어나요. 늘어난 뒤에는 원래대로 돌아가려고 하고요. 용수철도 잡아당기거나, 눌러서 늘리거나, 줄어들게 하면 다시 원래대로 돌아가려고 하지요. 나뭇가지나 자를 구부리면 처음처럼 펴지려고 해요. 이렇게 외부 힘에 의해 변형된 물체가 원래의 모양으로 되돌아가려고 하면서 생기는 에너지를 탄성에너지라고 합니다.

활이나 고무줄 새총은 탄성에너지를 이용해.

나무는 태양이 주는 빛에너지를 받고 자란다.

불을 피우면 물을 끓이고 빵을 굽고 방을 따뜻하게 데울 수 있어요. 불로 공기를 데워 열기구도 띄울 수 있고요. 이처럼 물체의 온도를 변화시키거나 상태를 변화시키는 에너지를 열에너지라고 합니다.

빛을 받아 풀과 나무가 자라고, 햇빛을 모아 태양광 발전 시스템으로 전기를 만들기도 합니다. 이렇게 빛에 의해 생기는 에너지를 빛에너지라고 합니다.

우리가 숨 쉬고 몸을 움직이려면 밥을 먹어야 합니다. 자동차가 움직이려면 기름이 있어야 하듯이 말이에요. 음식, 석탄, 석유에 있는 에너지처럼 화학 결합에 의해 물질 내부에 보존되었다가 화학 변화에 의해 밖으로 내보내지거나 안으로 흡수되는 에너지를 화학에너지라고 합니다.

전기 플러그를 꽂으면 텔레비전을 볼 수도 있고, 다리미로 옷을 다릴 수도 있습니다. 세탁기로 빨래를 할 수도 있고, 전자레인지를 돌리거나 형광등을 켤 수도 있지요. 우리가 사용하는 가전제품은 모두 전기에너지를 이용해 움직입니다.

에너지의 종류는 이렇게 다양합니다. 이 밖에도 어떻게 구분하느냐에 따라 더 많은 에너지가 존재합니다.

에너지가 없으면 텔레비전도 볼 수 없고, 전화도 할 수 없어.

일이 무엇인지 좀 더 알아보아요

과학에서는 어떤 물체에 외부 힘이 작용해 그 물체를 힘의 방향으로 움직이게 했을 때 비로소 일을 했다고 합니다. 예를 들면, 우리가 상자를 밀어서 민 방향으로 옮겨 놓았다면 이것이 바로 과학에서 말하는 일입니다. 어떤 사람이 왼쪽에 있던 1kg짜리 상자를 오른쪽으로 밀어서 오른쪽으로 1m 옮겨 놓았다면, 상자를 민 사람은 과학에서 말하는 일을 한 것입니다. 만약 다른 사람이 1kg짜리 상자를 2m 옮겨 놓았다면 이 사람은 먼저 일한 사람보다 두 배의 일을 한 셈입니다. 또 다른 사람이 2kg짜리 상자를 3m 옮겨 놓았다면 세 번째 사람은 첫 번째 사람보다 여섯 배 많은 일을, 두 번째 사람보다는 세 배 많은 일을 한 것입니다. 세 번째 사람은 첫 번째 사람보다 여섯 배 많은 에너지를, 두 번째 사람보다 세 배 많은 에너지를 썼다고 할 수 있겠지요. 그러나 아무리 힘을 썼더라도 상자가 민 방향으로 움직이지 않았다면 일을 했다고 할 수 없습니다. 또한 이렇게 상자나 물건을 옮기는 것만 일이 아닙니다. 강물이나 파도가 모래를 나르는 것, 바람이 풍차를 돌리는 것, 당겨진 활시위가 활을 앞으로 내보내는 것, 전기를 흐르게 하는 것, 우리가 먹은 음식이 우리 몸을 움직이게 하는 것도 모두 일이랍니다.

 # 식물은 어떻게 에너지를 얻을까요?

우리는 생활하기 위해 매 순간 에너지를 사용해요. 추우면 보일러를 돌려 집 안을 따뜻하게 하고, 어두우면 전등을 켜지요. 텔레비전도 보고 가스레인지를 사용해서 요리도 해요. 우리가 밥을 먹고 학교에 가고 친구들과 노는 데도 에너지가 필요해요.

사람만 에너지를 쓰지는 않아요. 모든 생물이 살아가기 위해서는 매 순간 에너지가 필요하지요. 그래서 생물 전체가 살아가면서 가장 많이 하는 일이 바로 에너지를 얻기 위한 활동이랍니다. 그리고 저마다의 환경에서 에너지를 충분히 얻기 위한 생활 방식이나 어렵게 모은 에너지를 아끼기 위한 나름의 생존 방법으로 살아가지요.

씨앗에서 싹을 틔우고, 줄기를 뻗고, 꽃을 피우고, 다시 씨앗이나 열매를 맺기 위해서는 모두 에너지가 필요합니다. 벼가 자라는 데도, 옥수수가 열리는 데도, 국화가 피는 데도 에너지가

녹색 식물에는 엽록체가 있어서 햇빛을 받으면 광합성 작용을 한다.

있어야 하지요.

식물은 필요한 에너지를 어떻게 얻을까요?

식물은 태양의 빛에너지를 이용해 스스로 양분을 만들 수 있습니다. 이것을 광합성 작용이라고 합니다. 식물은 광합성 작용으로 만든 양분을 이용해 에너지를 얻어 성장하지요.

식물의 초록색 잎에는 엽록체가 있어 햇빛의 에너지를 받아 물과 이산화탄소를 포도당과 산소로 만듭니다. 그런 후 산소는 잎의 뒷면에 있는 공기구멍을 통해 밖으로 내보내고 포도당은 양분으로 저장해 사는 데 필요한 에너지로 쓰지요. 이산화탄소는 잎의 기공을 통해 들여오고, 물은 뿌리를 통해 흡수하여 잎으로 가져옵니다. 식물이 에너지를 얻

엽록체

식물 잎의 세포 안에 들어 있는 둥글거나 타원형의 작은 구조물이에요. 식물 잎에는 엽록체가 많이 들어 있으며 엽록체 속에는 여러 가지 광합성 색소가 있는데 다른 색소에 비해 녹색을 띤 엽록소가 많아서 잎 전체가 녹색으로 보입니다. 특히 잎 윗면이 아랫면보다 더 짙은 녹색으로 보이는데, 이는 잎 윗면에는 엽록체가 많은 책상 조직과 해면 조직이 있고, 아랫면에는 표피 세포 중 하나인 공변세포만 엽록체를 가지고 있기 때문입니다. 이 엽록체 속의 엽록소는 광합성에 가장 중요한 요소로서 빛에서 에너지를 흡수하며 이산화탄소를 탄수화물로 바꾸어 주는 역할을 해요.

나무는 광합성 작용을 통해 지구에 살아 있는 생물이 숨 쉴 수 있는 산소를 만들어 준다.

는 데는 햇빛, 물, 이산화탄소가 필요하므로 햇빛을 더 많이 받기 위해 가지와 잎을 더 넓게 펼치고, 뿌리를 더 넓고 깊게 뻗어 나갑니다.

햇빛이 점점 풍부해지는 봄부터 여름까지는 양분을 만들어 모으기 위해 부지런히 광합성 작용을 해 싹을 틔우고 무성한 잎을 내지요. 그러다 다시 햇빛이 부족해지는 가을과 겨울이 되면 잎에서 만드는 에너지보다 나무가 쓰는 에너지가 훨씬 많아 잎을 달고 있을 수가 없어요. 그래서 많은 나무들이 잎을 떨어뜨리고, 봄을 위해 새 눈을 준비하며 겨울을 나지요.

싹이 돋고 이파리가 푸르러지고 열매를 맺고 나뭇잎이 떨어지는 현상에도 이런 에너지의 원리가 숨어 있었던 거예요.

 **TIP** 요건 몰랐지?

기공

　기공이란 식물의 잎 뒷면에 있는 공기구멍을 말합니다.
　식물이 햇빛을 받아 광합성 작용을 하는 낮에는 기공을 통해 광합성 작용에 필요한 이산화탄소를 받아들이고, 광합성 작용으로 생긴 산소를 밖으로 내보내지요. 햇빛이 없어 광합성 작용을 할 수 없는 밤이 되면, 우리가 숨 쉴 때처럼 기공을 통해 숨쉬는 데 필요한 산소를 빨아들이고 이산화탄소를 밖으로 내보냅니다. 뿌리를 통해 빨아들인 물도 다 사용하고 나면 기공을 통해 밖으로 내보냅니다.
　잎을 잘라 단면을 현미경으로 보면 아래 그림처럼 생겼어요. 잎의 뒷면에 공기가 드나드는 구멍이 있습니다.

동물은 어떻게 에너지를 얻을까요?

새들이 하늘을 날 때, 물고기가 헤엄칠 때, 토끼나 사슴이 풀을 뜯고 달릴 때 모두 에너지가 필요합니다. 개미가 집을 짓는 데도, 매미가 허물을 벗는 데도, 거미가 거미줄을 치는 데도 에너지가 필요합니다. 그러면 동물은 어떻게 에너지를 얻을까요?

동물은 먹이를 통해 에너지를 얻습니다. 토끼, 다람쥐, 꿩, 소, 말, 코끼리 같은 초식동물은 나뭇잎이나 열매, 풀 등의 식물을 먹습니다. 초식동물은 식물이 광합성을 통해 몸속에 저장한 에너지를 먹고 살지요. 이런 동물을 1차 소비자라고 합니다.

초식동물은 질긴 나뭇잎이나 풀을 소화해 에너지를 얻어야 하므로 이빨이나 위, 장이 특별하게 발달했어요. 염소, 소, 사슴, 기린 같은 동물은 위가 넷이

내 앞니는 풀을 잘 뜯을 수 있도록 길게 자라지.

되새김질

한번 삼킨 먹이를 다시 게워내 씹어서 소화하는 것을 말합니다. 되새김질하는 대표적인 동물은 바로 소입니다. 소는 하루에 여덟 시간 이상씩 풀을 뜯으며 한 번 먹을 때마다 70kg의 풀을 먹습니다. 이렇게 먹은 풀은 휴식할 때 되새김질을 합니다.

소는 되새김질을 하는 반추 동물이야.

초식동물인 소는 풀을 먹고 산다.

육식동물인 호랑이는 사냥을 잘할 수 있도록 날카로운 이빨과 발톱이 있다.

나 되고 되새김질을 합니다. 토끼, 다람쥐, 햄스터 같은 동물은 단단한 먹이를 잘 갉아 먹을 수 있도록 이빨이 계속 자라지요. 달팽이나 소라는 이빨이 없는 대신 잎이나 해초를 잘 갉아 먹을 수 있도록 혓바닥 모양이 작은 이빨이 늘어선 것처럼 생겼어요. 곤충의 입도 양분을 얻기 쉽도록 먹이에 따라 모양이 다릅니다. 나무의 수액을 빨아 먹는 매미는 두꺼운 나무껍질을 잘 뚫을 수 있도록 입이 주사기 같고, 나비나 벌처럼 꽃의 꿀을 먹는 곤충은 입이 대롱 모양입니다.

호랑이, 사자, 늑대, 독수리, 악어, 상어 같은 육식동물은 다른 동물을 사냥해 먹이로 삼습니다. 이런 동물을 2차 소비자, 3차 소비자라고 합니다. 육식동물은 다른 동물을 잡아먹고 살아야 하므로 송곳니가 날카롭거나 발톱이 예리한 모양입니다. 먹이를 잡기에 유리한 조건을 갖춘 것이지요.

매나 독수리는 사냥에 방해가 되지 않도록 조용히 날 수 있게 깃털이 부드럽고, 날갯짓을 많이 하지 않는 방식으로 날 수 있습니다. 상어는 아무리 나이가 많아도 이빨이 빠지면 계속 새로 난답니다. 사마귀의 앞다리는 먹잇감이 도망가지 못하게 잘 붙잡을 수 있도록 가시가 많은 낫 모양이고, 거미는 거미줄을 쳐서 먹잇감을 잡을 수 있습니다.

추운 겨울이 되면 동물도 살기 힘들어집니다. 그래서 겨울 동안에는 최대한 활동을 줄여 에너지 소모를 막고, 봄이 되면 다시 활발히 움직입니다. 많은 동물이 겨울을 대비해 털갈이를 해서 두꺼운 털옷을 입고, 먹이가 많은 가을까지 충분히 먹어 몸속에 에너지를 쌓아두려 합니다. 개구리, 뱀, 다람쥐, 곰, 오소리 같은 동물은 겨울에 아예 활동을 하지 않고 겨울잠을 잡니다. 너구리, 오소리, 다람쥐, 햄스터는 먹이를 따로 저장해놓고 겨울잠에 들었다 잠이 깨면 먹이를 먹은 다음 다시 잡니다. 뻐꾸기, 제비, 해오라기, 백로 같은 철새는 먹이를 찾기 쉽고 활동하기 좋은 곳으로 이동합니다.

늑대는 털갈이를 해서 두꺼운 털옷을 입고 겨울을 난다.

무서운 늑대도 추위를 타는구나.

생산자 · 소비자 · 분해자

지구에는 사람을 포함한 동물과 식물 등의 생물적 요소와 햇빛, 공기, 물, 흙과 같은 비생물적 요소가 있습니다. 생물적 요소와 비생물적 요소를 묶어서 생태계라고 부릅니다. 이 중에서 생물적 요소는 기능에 따라 생산자, 소비자, 분해자로 나뉩니다. 녹색 식물처럼 살아가는 데 필요한 양분을 광합성 작용을 통해 스스로 만드는 생물을 생산자라고 합니다.

동물처럼 스스로 양분을 만들지 못하고 식물이나 다른 동물을 통해 양분을 얻는 생물을 소비자라고 합니다. 식물을 먹이로 하는 동물을 1차 소비자, 1차 소비자를 먹이로 하는 동물을 2차 소비자, 2차 소비자를 먹이로 하는 동물을 3차 소비자라고 합니다.

생물의 시체나 배설물을 작은 물질로 분해해 먹고사는 세균(박테리아)을 분해자라고 합니다.

여름잠 자는 동물들

 겨울잠 자는 동물처럼 여름잠 자는 동물도 있습니다. 열대 지방에서는 여름철에 풀이 마르고 먹이도 없어져 동물들이 여름잠을 잡니다. 여름잠에 든 동물은 겨울잠을 자는 동물과 마찬가지로 호흡도 느려지고 맥박도 거의 뛰지 않는 상태에서 체내에 쌓아둔 지방을 천천히 소비하면서 영양분과 물을 공급받습니다. 여름잠 자는 대표적인 동물은 워싱턴지리스, 마우스원숭이가 있습니다. 그 외에는 악어, 개구리, 달팽이, 도롱뇽 중에서 물이 마르면 진흙 속에 들어가 여름잠을 자는 종류가 있습니다. 야생 달팽이의 경우 보통 여름잠과 겨울잠을 잡니다. 달팽이의 평균 수명은 5~8년인데 수명의 절반 정도를 잠으로 소비합니다. 겨울잠은 첫눈 내릴 무렵부터 3~4월 말까지 자고, 여름잠은 체내 수분이 발산하는 것을 방지하기 위해 한여름부터 9월까지 지속됩니다. 해삼은 바닥의 물 온도가 17도 이상이 되면 아주 깊은 바닷속으로 들어가 잠을 잡니다. 거북과 같은 파충류는 대부분 따뜻한 열대나 아열대 지방에 서식하며 겨울철에 땅속이나 돌 밑에서 겨울잠을 자고, 여름철 건조기에는 여름잠을 자기도 합니다. 무당벌레는 여름에 거의 찾아보기 힘들지요. 풀뿌리에 숨어서 여름잠을 자기 때문입니다.

사람은 어떻게 에너지를 얻을까요?

사람도 살아가기 위한 에너지를 음식을 통해 얻습니다. 음식 속의 단백질, 탄수화물, 지방, 칼슘, 비타민 같은 영양분이 몸을 구성하고 몸을 움직이는 에너지를 주지요. 음식에서 얻을 수 있는 에너지 양은 칼로리로 계산할 수 있답니다. 힘든 운동을 하고 났을 때, 피곤하고 지쳤을 때, 초콜릿이나 사탕 같은 음식을 먹으면 기운이 나는 까닭은 칼로리가 높아 많은 에너지를 얻을 수 있기 때문입니다. 하지만 우리 몸에서 에너지를 다 쓰지도 못하는데 칼로리가 높은 음식만 먹으면 비만에 걸릴지도 모르니 주의해야 합니다.

사람은 음식뿐 아니라, 살아가는 데 필요한 다양한 에너지를 여러 가지 방식으로 얻고자 노력했습니다. 빛, 전기, 열 등의 에너지를 얻기 위한 노력이 바로 그 예입니다.

사람은 음식을 먹어 에너지를 얻는다.

아, 먹고 싶다. 한 입만!

불을 사용할 수 있게 되면서 인류의 생활은 크게 변했습니다. 밤에도 일할 수 있는 빛에너지를 얻게 되었고, 요리하거나 난방하는 데 필요한 열에너지도 얻게 되었습니다. 요리를 하게 되면서 날것으로는 먹을 수 없었던 것들도 식량으로 이용하게 되었습니다. 그릇 같은 도구를 만들어 양식을 저장할 수도 있게 되었지요. 쇠를 녹여 쟁기나 칼 같은 필요한 물건도 만들고요.

증기 기관이 등장한 이후로 기계가 발명되면서 공장에서는 기계를 사용해 물건을 만들고, 기차와 배, 자동차와 비행기로 많은 짐을 멀리까지 운반하게 되었습니다. 사람들이 기계를 사용해 일하면서 석탄과

에너지원

우리가 필요한 에너지를 얻을 수 있는 자원을 에너지원이라고 합니다. 전 세계는 에너지원의 85%를 석탄, 석유 같은 화석 연료에 의존합니다. 그 결과 머지않아 이 화석 연료가 고갈되리라는 심각한 문제가 생겼습니다. 거의 모든 화석 연료를 수입해서 쓰는 우리나라 처지에서는 심각한 문제입니다.

증기의 힘을 이용해 달리는 증기 기관차이다. 증기 기관을 움직일 증기를 끓이기 위해 석탄이 중요한 에너지원으로 등장했다. 증기 기관차는 석탄이 필요한 곳에 석탄을 운송하여 산업을 발달시키는 역할을 했다.

발전

전기를 일으킨다는 뜻으로, 발전기를 회전시켜 다른 에너지를 전기에너지로 변환하는 것입니다.

석유가 새로운 에너지원으로 널리 사용되기 시작했습니다. 석유는 지금도 세계에서 가장 많이 쓰이는 에너지 자원입니다.

이제 전화기, 텔레비전, 냉장고, 세탁기 같은 가전제품은 없어서는 안 될 생활용품이 되었습니다. 이런 가전제품은 모두 전기에너지를 이용합니다.

전기는 다루기 쉽고 여러 곳에 사용할 수 있기 때문에 편리한 에너지입니다. 발전을 하는 데는 여러 방법이 있는데 우리나라에서는 석탄과 석유를 태워 나오는 열을 이용해 발전기를 돌리는 화력 발전이 대표적입니다.

모든 에너지의 근원은 태양이에요

태양은 모든 에너지의 근원이에요. 모든 생물은 태양이 주는 빛에너지와 열에너지로 살고 있습니다. 태양이 없다면 지구에는 어떤 생물도 살 수 없을 거예요. 지금 이 순간에도 지구는 태양이 주는 에너지를 받고 있고, 그 에너지로 모든 생물이 살고 있답니다.

식물은 태양에게 받은 빛에너지로 광합성 작용을 해 양분과 산소를 만들어 주고, 동물은 그 식물을 먹고 살지요.

사람은 석탄, 석유, 천연가스 등을 이용해 집을 따뜻하게 하기도 하고, 요리를 하기도 하고, 자동차를 타기도 합니다. 이러한 석탄, 석유, 천연가스는 동물과 식물이 땅속에 묻힌 뒤 오랜 세월 동안 화석화 작용을 받으면서 생겨났어요. 결국 석탄, 석유, 천연가스도 태양에너지가 없다면 생길 수 없는 연료였습니다.

또 우리 생활 속에서 없어서는 안 되는 중요한 에너지는 전기입니다. 전

그래서 나를
모든 힘의 근원이라고
하는거야. 알았어?

기는 발전기의 터빈을 돌려 그 에너지를 전기에너지로 바꾸어야 합니다. 발전 방식에 따라 터빈을 돌리는 데는 석유나 석탄 같은 연료를 이용하거나, 높은 곳에서 떨어지는 물의 힘을 이용하거나, 바람의 힘을 이용합니다. 바람이 불고 물이 마르지 않고 흐를 수 있는 것도 태양에너지 덕분이니 결국 전기에너지도 태양과 깊은 관련이 있습니다.

우리가 사용하는 모든 에너지가 태양과 관련이 있습니다.

증기 기관의 발명

세이버리 기관. ⓒ PHGCOM@Wikimedia Commons

1698년 영국의 토머스 세이버리는 증기의 힘을 이용한 간단한 펌프를 만들어 특허를 받았습니다. 특허 받은 펌프의 별명은 '광부의 친구'였고, 구조는 간단했습니다. 물을 빨아올리기 위한 기압과 물을 밀어내기 위한 증기압을 동시에 이용하는 원리였지요. 세이버리 기관은 불완전하고, 해낼 수 있는 일의 양도 적었지만 동력 기술 역사에 큰 의미가 있습니다.

1712년 토머스 뉴커먼은 세이버리 기관을 개량해 뉴커먼 기관을 만들었습니다. 뉴커먼은 세이버리 기관을 제작, 설치, 수리하는 일로 광산을 드나들었던 직공이었습니다.

당시는 목재가 부족해지면서 석탄의 사용이 증가하는 시기였는데, 석탄을 캘 때 탄광 안에 지하수가 고이는 것이 문제였습니다. 뉴커먼은 세이버리 기관을 다루면서 자연히 증기를 이용한 동력에 관심을 가졌습니다. 그리고 10년간 연구한 끝에 뉴커먼 기관을 완성했습니다. 뉴커먼은 학식도 없었고 과학도 잘 몰랐지만 그가 만든 증기 기관은 매우 뛰어나서 탄광에 고이는 물을 퍼 올리는 양수기로 보급되었습니다. 그만큼 훌륭한 발명이었는데도 그는 특허를 받지 않았습니다. 세이버리가 만든 기관의 특허 범위가 넓어서 뉴커먼의 발명도 세이버리의 특허에 포함된다고 생각했기 때문입니다. 뉴커먼의 증기 기관이 보급되어 영국의 석탄 산업뿐 아니라 증기 기관도 크게 발달하게 되었습니다.

뉴커먼 기관도 제임스 와트에 의해 다시 한 번 거듭났습니다. 글래스고 대학교 안에 수리 공장에서 근무하던 제임스 와트는 뉴커먼 기관의 수리를 의뢰받았습니다. 와트는 이 증기 기관을 보고서 좀 더 효율적인 증기 기관을 만들기 위해 노력했습니다. 그 결과 와트의 증기 기관이 발명되었습니다. 뉴커먼 기관은 열의 1% 정도밖에 동력으로 바꿀 수 없었다면 와트는 좀 더 많은 열을 동력으로 바꿀 수 있도록 발전시켰습니다. 와트는 이것으로 1769년에 특허를 받았습니다. 그 뒤에 그는 볼턴이라는 새로운 협력자를 만나 1774년 볼턴앤드와트 회사를 만들어 증기 기관을 만들기 시작했습니다. 이 와트의 증기 기관은 단순히 물을 퍼 올리는 펌프가 아니라 증기 기관차나 증기선, 방적기를 움직이는 동력원으로 널리 쓰였습니다.

증기 기관의 발명으로 인류는 산업화 시대를 맞이하게 되었습니다.

뉴커먼 기관.

제임스 와트.

증기 기관도 여러 사람을 거쳐 발전했구나.

 ## 모습을 바꾸는 에너지

우리는 앞에서 위치에너지, 운동에너지, 열에너지, 전기에너지, 빛에너지, 태양에너지, 화학에너지, 화석에너지 등 여러 가지 에너지의 이름을 살펴보았습니다. 각각의 모습에 따라 이름 지어진 에너지들은 새로 생기거나, 없어지지 않고 서로 다른 모습으로 바뀌곤 합니다.

전기에너지를 생각해 보세요. 전기에너지는 우리 생활에 다양하게 사용되고 있어요. 형광등을 켜면 전기에너지는 빛에너지로 바뀌어 어둠을 밝혀 주고, 다리미의 전기 플러그를 꽂으면 전기에너지는 열에너지로 바뀌어 옷의 주름을 펴 주지요. 세탁기 전원을 켜면 전기에너지는 운동에너지로 바뀌어 빨래를 해 줍니다.

우리가 그네를 밀면 운동에너지가 그네로 전달되어 그네는 높이 올라가 위치에너지를 갖게 됩니다. 높이 올라간 만큼 그네는 빠르게 움직여 우리는 신 나게 그네를 탈 수 있어요.

전기에너지가 빛에너지로, 빛에너지가 화학에너지로, 위치에너지가 운동에너지로, 열에너지가 전기에너지로 바뀌는 것처럼 각각의 에너지가 다른 에너지로 모습을 바꾸는 것을 에너지 전환이라고 합니다.

우리가 놀이터에서 미끄럼틀 타는 과정을 한번 상상해 보세요.

놀이터에 가려면 우리가 움직일 수 있는 에너지가 몸에 있어야겠지요.

우리는 음식을 먹고 섭취한 에너지를 이용해 놀이터로 갑니다. 음식에 있던 화학에너지가 우리 몸속의 화학에너지로 전환된 것입니다.

미끄럼틀을 타려면 미끄럼틀 위에 올라가야겠지요. 그러면 우리 몸에 있던 화학에너지가 손발을 움직이는 운동에너지로 바뀌고, 운동에너지는 미끄럼틀 위에 올라서는 순간 다시 위치에너지로 바뀝니다.

이제 신 나게 미끄럼틀을 타고 내려와 볼까요?

미끄럼틀을 타고 내려오면 우리가 가지고 있던 위치에너지가 다시 운동에너지로 바뀌어요.

이렇듯 위치에너지가 운동에너지로, 운동에너지가 위치에너지로 서로 바뀌는데 위치에너지와 운동에너지의 합은 늘 같아요. 위치에너지와 운동에너지의 합을 우리는 역학적 에너지라고 부릅니다. 역학적 에너지는 중간에 마찰열로 빠져나가는 에너지가 없다면 항상 같은 값이에요.

공을 하늘로 힘껏 차 올린다고 생각해 보세요. 공을 차는 순간, 공에는 우리가 준 운동에너지만 있습니다. 하지만 공이 점점 높이 올라가면서 위치에너지가 커집니다. 공은 우리가 찬 운동에너지만큼만 하늘로 올라갈 거예요. 운동에너지가 모두 위치에너지로 바뀌어서 위치에너지만 남는 순간 공은 더 올라가지 못하고 멈추어요. 그리고 다시 땅으로 떨어지겠지요. 땅으로 떨어지면서 공은 점점 빠르게 떨어져요. 내려오면 내려올수록 위치에너지가 운동에너지로 바뀌기 때문입니다. 물체가 높은 곳에 있을 때는 위치에너지가 최대이고 운동에너지는 최소예요. 반면 물체가 떨어질 때는 위치에너지가 감소하고 운동에너지가

역학적 에너지

물체의 위치에 따라 결정되는 위치에너지와 물체의 속력에 따라 결정되는 운동에너지의 합을 말합니다. 외부 힘이 없을 때 위치에너지와 운동에너지는 일정하게 유지되고, 위치에너지가 운동에너지로 또는 그 반대로 서로 바뀌기도 합니다.

증가하겠지요. 물체가 바닥에 닿는 순간에는 높이가 0이 되므로 위치에너지는 최소가 되고 운동에너지는 최대가 된답니다.

이와 같이 에너지는 사라지지 않고 서로 변환될 뿐입니다. 따라서 위치에너지가 운동에너지로, 운동에너지가 위치에너지로 바뀐다 해도 전체 역학적 에너지는 변하지 않고 늘 같습니다. 이것을 '역학적 에너지 보존의 법칙'이라고 합니다.

역학적 에너지 보존의 법칙

마찰이나 공기의 저항이 없으면 물체의 역학적 에너지는 일정하게 유지된다는 법칙입니다. 만약 마찰이 있다면 역학적 에너지의 일부가 열에너지, 소리에너지, 빛에너지 등으로 바뀌어 역학적 에너지가 보존되지 않습니다. 손뼉을 칠 때 움직이던 손이 멈추기 때문에 손의 운동에너지는 사라지고 위치에너지도 증가하지 않습니다. 이때 운동에너지는 소리 에너지와 열에너지로 바뀌어 손뼉 소리와 열을 냅니다.

Q&A 꼭 알고 넘어가자!

문제 1 에너지란 무엇일까요?

_____
_____
_____
_____

문제 2 에너지의 종류에는 어떤 것이 있나요?

_____
_____
_____
_____

우리는 흔히 '불이 난다. 불을 끈다' 등의 말을 자주 사용합니다. 불은 타면서 열에너지와 빛에너지를 내는데, 이는 빛에너지와 열에너지가 물질 속에 들어 있는 화학에너지에 의해 생성된 것입니다. 이렇듯 물질은 에너지를 가지고 있어서 다양한 에너지를 만들어낼 수 있습니다.

우리가 생활에 사용하는 에너지는 대부분 태양으로부터 왔습니다. 생활하면서 이용하는 에너지는 태양에 의해 만들어진 물질을 통해 얻습니다. 예를 들어 음식을 먹거나 땔감으로 쓰이는 나무, 그리고 석탄, 석유, 천연가스 등은 모두 오래전 식물이 광합성을 통해 만들어 낸 물질들입니다. 사람이나 대부분의 동물들은 이런 식물을 먹어야 살아갈 수 있으며, 땔감이 되는 식물은 빛과 열에너지를 내는 연료로 사용됩니다. 태양은 빛에너지를 통해 우리가 살아가는 데 필요한 에너지를 공급해 줍니다.

문제 3 식물과 동물, 사람이 에너지를 얻는 방법에 대해 각각 말해 보세요.

도움말

1. 우리가 운동을 활발하게 할 수 있는 것은 몸속에 갖고 있는 에너지를 쓰기 때문이에요. 다시 말해, 몸속에 에너지가 많을 때는 활발하게 움직일 수 있고, 에너지가 부족한 때는 움직이기 힘들어요. 그럼 에너지는 어떻게 우리 몸속으로 들어올까요? 그것은 음식을 통해서예요. 음식 속에는 여러 가지 에너지가 들어 있어서, 우리가 음식을 먹으면 그 에너지가 몸속으로 들어온답니다.

2. 운동을 하고 나서를 생각해 봅시다. 이럴 때 몸속에 갖고 있던 에너지는 어디에 가 있을까요? 힘을 쓸 때 에너지를 썼기 때문이에요. 이처럼 몸속에 있던 에너지가 없어집니다. 자, 그럼 다른 동물이나 식물은 어떻게 에너지를 얻고 있는 것일까요? 동물은 사람과 마찬가지로 음식을 먹어 에너지를 얻습니다. 조금 다른 점이라면 동물마다 먹이가 다르다는 것이지요. 그리고 식물은 햇볕, 곧 태양열 에너지를 이용하여 스스로 양분을 만들고 오랫동안 에너지를 갖고 있답니다.

관련 교과
초등 4학년 2학기 3. 열 전달과 우리 생활
초등 5학년 2학기 1. 환경과 생물, 8. 에너지
중학교 2학년 1. 열에너지

2. 여러 가지 에너지

앞에서는 에너지와 그 종류에 대해 간략히 알아보았어요. 이번 장에서는 각각의 에너지에 대해 좀 더 구체적으로 알아보아요. 에너지의 특성과 장단점을 알고 나면 우리가 매일 손쉽게 사용하는 에너지가 새롭게 보일 거예요.

운동에너지

우리 주변을 한번 둘러보세요. 무엇이 보이나요? 바람에 흔들리는 나뭇잎, 흘러가는 구름, 바쁘게 움직이는 버스와 자동차, 달음박질하는 아이들, 돌아가는 시곗바늘, 밀지 않아도 열리는 자동문……. 수많은 움직임으로 가득하지요.

모든 움직이는 물체에는 에너지가 있습니다. 그래서 굴러가는 볼링공은 볼링핀을 쓰러뜨릴 수 있습니다. 강물은 계속 흐르며 그 에너지로 강가의 자갈들을 작고 둥글게 깎고, 흙을 날라 지형을 바꿉니다. 불어오는 바람은 바람개비를 돌아가게 하고 민들레 씨앗을 날아가게 하지요. 이렇게 움직이는 물체가 갖는 에너지를 운동에너지라고 합니다. 빠르게 움직이는 물체일

돛단배는 돛을 올려서 바람의 힘을 받아 움직이지.

과거에는 소, 말, 나귀 같은 동물의 힘이 짐을 나르는 데 도움을 주었어.

수록 운동에너지는 더욱 커집니다.

사람들은 옛날부터 자연의 운동에너지를 이용해 일했습니다.

물에 배나 뗏목을 띄우면 걸어가는 것보다 더 빨리 목적지에 닿을 수 있고, 직접 나르는 것보다 더 많은 짐을 나를 수 있습니다.

풍차는 바람의 힘으로 풍차 날개를 돌려 낮은 곳에 있는 물을 퍼 올리는 데 사용되었습니다. 소나 말을 이용하여 짐을 나르거나 쟁기를 끌고 방아를 돌리기도 했습니다.

사람은 이러한 자연의 에너지를 그대로 이용해 일하는 것보다 어떻게 하면 더 편리하게 일할 수 있을까 궁리하고 노력해 왔습니다. 그 결과 강, 바람, 가축의 힘 같은 자연의 힘을 그대로 이용하는 대신, 에너지를 낼 수 있는 에너지원을 찾아냈습니다.

석탄이 연료로 사용되면서 석탄으로 물을 끓여 얻은 증기의 힘을 이용한 기관차나 증기선, 방적기 같은 기계들이 산업을 발전시켰습니다. 또한 석유로 엔진을 움직이는 자동차나 비행기가 발명되면서 석탄보다 석유가 연료로 더 널리 쓰이기 시작했습니다. 석유 덕분에 대형 선박이나 제트기도 만들 수 있었지요. 가정이나 공장의 보일러도 석유로 작동됩니다. 그 후에

엔진이 발명되어 석유나 가스를 연료로 사용하게 되었다.

기중기. ⓒ Scottmss@the Wikimedia Commons

컨베이어

물건을 연속으로 이동·운반하는 띠 모양의 운반 장치로서 벨트식, 체인식 등이 있습니다. 공장에서 부품을 운반할 때, 건설 현장에서 흙과 모래를 운반할 때 등 여러 곳에 쓰입니다. 컨베이어는 운반 장치로뿐 아니라 일하는 사람과 결합하여 움직이는 작업대로도 사용되고, 특수 장치를 장착하여 부품을 선별하거나 방향을 바꿔 주는 것도 있습니다.

는 전기가 생활 속에서 편리하게 쓰이고 있지요.

이렇게 동력원을 이용하자 더 많은 운동에너지를 생활 속에서 이용할 수 있게 되었습니다.

현대에는 농사를 지을 때 경운기, 트랙터, 콤바인 같은 기계를 이용하여 모를 심고 추수를 하고 곡식을 나릅니다.

크레인이라고도 부르는 기중기를 이용하면 이삿짐이나 철근 같은 무거운 물건도 쉽게 들어 올릴 수 있습니다.

자동차, 기차, 비행기는 더욱 발전하여 사람들이 이동하는 데 도움을 줍니다. 공장에서는 컨베이어 같은 기계를 많이 사용합니다. 산업용 로봇도 이용하지요.

이와 같이 기계와 연료는 많은 일을 해 주었습니다. 무거운 물체도 거뜬히 들 수 있고 하늘을 날 수도 있고 아주 먼 곳까지 갈 수 있게 되었습니다. 사람이 하기 어려운 정교한 작업이나 오랜 시간 동안 반복해야 하는 작업도 할 수 있게 되었지요.

비행기 덕분에 하늘을 날 수 있어.

사람의 노동력을 줄여 주는 여러 종류의 기계 장치들이 개발되었다. 이로 인해 사람의 생활 방식이 달라졌고 삶의 질이 크게 향상되었다.

위치에너지

처마 끝에 맺혔던 빗방울이 땅으로 떨어지면 그 자리에는 파인 자국이 생깁니다. 비탈진 높은 곳에서 자전거를 타고 내려갈 때면 페달을 밟지 않아도 자전거는 빠르게 달려갑니다. 높은 곳의 물은 낮은 곳으로 가려 하기 때문에 시냇물도 강물도 바다로 흘러가지요. 높이 이는 파도는 배를 흔들리게 합니다.

이와 같이 높은 곳에 있는 물체는 에너지를 갖습니다. 물체가 위치에 따라 갖는 에너지를 위치에너지라고 합니다. 위치에너지는 높이 올라갈수록 커집니다.

높이 이는 파도를 타면 서핑을 할 수 있어.

높은 곳에서 떨어지는 폭포수는 바위도 깎아 내는 힘이 있다.

　사람은 높이 있는 물체가 갖는 위치에너지를 생활 속에서 여러모로 이용해 왔습니다.

　망치로 못을 박을 때를 생각해 보세요. 못을 깊이 잘 박으려면 어떻게 하나요? 망치를 높이 들어 못의 머리를 내리치지요.

　물레방아를 돌리려면 물길을 만들어 바퀴로 물이 떨어지도록 설치합니

부산에는 '구덕망께터다지기'라는 무형문화재가 전해 온다(사단법인 부산구덕민속예술보존협회 제공).

다. 쏟아지는 물이 바퀴를 돌려 사람이 없어도 공이가 곡식을 빻을 수 있게 하는 것이지요.

디딜방아는 방아를 발로 밟아 공이를 들어 올려서 곡식을 빻습니다.

옛날부터 큰 건물이나 집을 지을 때는 '망께'라는 도구를

널을 잘 뛰면 매우 높이까지도 올라갈 수 있다.

이용하여 땅을 다졌습니다. 망께는 넓적한 돌이나 쇳덩이를 네다섯 개의 손잡이나 줄에 매어 만든 도구로, 일꾼들이 줄을 힘껏 당겨 망께를 올립니다. 그리고 줄을 놓으면 높이 올라갔던 망께가 땅에 부딪치면서 땅이 단단하게 다져지지요.

멀리뛰기를 할 때도 위치에너지를 생각하면 더 잘할 수 있어요. 발구름판을 구를 때 높이 뛰어오르면 그 에너지를 이용해서 더 멀리 뛸 수 있지요. 배드민턴을 칠 때도 높이 점프해서 셔틀콕을 치면 더 강력한 공격을 할 수 있어요. 배구를 할 때도 마찬가지예요. 공을 강하게 내리꽂는 스파이크 공격을 하려는 선수는 높이 뛰어오르지요.

널뛰기는 위치에너지를 이용하는 놀이입니다. 옛날 여자들은 정초나 단오, 한가위 같은 명절에 널을 뛰고 놀았습니다. 가운데 받침대를 대고 괸 널빤지 양쪽 끝에 한 사람씩 올라서서 둘 중 한쪽이 먼저 뛰어오르면 상대방은 그

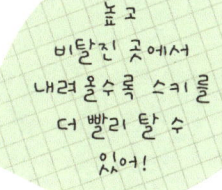

높고 비탈진 곳에서 내려올수록 스키를 더 빨리 탈 수 있어!

반동으로 높이 뛰어오를 수 있습니다.

　스키도 위치에너지를 이용하는 겨울철 운동입니다. 눈 덮인 산의 비탈에서 스키를 타면 정말 빠르게 내려올 수 있어요. 북유럽에서는 스키가 예로부터 빼놓을 수 없는 겨울철 교통수단 중 하나였다고 합니다.

　이러한 위치에너지를 이용하면 전기를 만들 수도 있습니다. 수력 발전소는 높은 곳에서 떨어지는 물의 힘을 이용하여 전기를 만듭니다. 수력 발전소는 더 큰 위치에너지를 얻기 위해 댐을 쌓아 만들기도 하고, 강의 흐름을 바꿔 높은 곳에서 물이 떨어지게 한 다음 만들기도 합니다.

수력 발전소는 물을 모으기 쉬운 강 상류에 많이 세운다.

 # 열에너지

　더운 여름날에는 바닷가의 모래도 햇빛을 받아 뜨겁게 달구어집니다. 추울 때 난롯불을 쪼이면 따뜻해집니다. 가스레인지 불 위에 물 주전자를 올려놓으면 물이 끓지요. 이렇게 열은 물체의 온도를 변화시킵니다.

　물이 끓는데도 불을 끄지 않으면 물은 수증기로 변해 모두 날아갑니다. 쌀을 씻어 밥솥에 넣고 스위치를 누르면 생쌀이었을 때는 먹기 힘들었던 쌀이 맛있는 밥이 되지요. 나무를 태우고 나면 재만 남고요. 이렇게 열은 물체의 형태도 변화시킵니다.

　물체의 온도나 형태를 변화시키는 에너지를 열에너지라고 합니다.

　사람은 열에너지를 이용하여 난방을 합니다. 요리도 하고, 옷을 말리거나 주름을 펼 수도 있지요. 끓인 물로는 그릇이나 병을 깨끗하게 소독할 수도 있습니다. 또한 그릇, 숟가락, 유리병 같은 물건도 열에너지를 이용하여 만듭니다. 크레파스, 볼펜, 자동차, 타이어, 유리 같은 대부분의 물건도 열에너지가 있어야 만들 수 있습니다. 성냥불을 켜거나 양초를 밝히려고 해도 열에너지가 있어야 하지요.

　이렇듯 우리 생활에서 빼놓을 수 없는 열에너지를 얻으려면 어떻게 해야 할까요?

　햇빛을 통해 열에너지를 얻을 수 있습니다. 햇빛을 쪼이고 있으면 따뜻

열에너지가 없으면 음식을 익혀 먹을 수 없다.

월면차

달 표면을 탐사하고 관측 자료를 보내는 차입니다. 1970년 구소련에서 발사한 월면차 루노호트 1호는 여덟 개의 바퀴가 있고 무게는 756kg이며 태양열 전지를 동력원으로 사용했습니다. 지상에서 조종하여 달의 낮에만 달 표면 위를 이동하면서 여러 관측을 했습니다.

하지요. 그래서 건물을 지을 때면 햇빛이 잘 비치는 남쪽 방향을 향하게 합니다. 태양열 시스템이 있으면 햇빛으로 온수를 만들거나, 온수를 이용하여 난방을 합니다.

1970년 구소련에서 달에 착륙시킨 월면차 루노호트 1호는 태양열 전지를 탑재하여 낮 동안 태양열을 이용해 달 표면을 탐사하고 지구로 여러 자료를 전송해 주었습니다. 하지만 태양을 통한 열에너지는 햇빛이 잘 비쳐야만 얻을 수 있지요. 위도가 높아 햇빛이 충분하지 않은 지역에서나 겨울처럼 햇빛이 약해지는 계절이 오면 충분한 에너지를 얻기 어렵습니다.

마찰을 하면 열에너지를 얻을 수 있습니다. 추울 때 손바닥을 비비면 열이 나지요. 지금처럼 편리한 도구들이 없던 때에 사람들은 나무끼리 비벼서 마찰시키거나 부시로 부싯돌을 쳐서 불을 피울 수 있다는 사실을 알아냈어요. 하지만 불이 붙을 때까지 나뭇가지를 마찰시키거나 부싯돌의 불꽃으로 불을 피우는 일은 쉽지 않았습니다. 그래서 옛날 사람들은 필요할 때 바로 쓸 수 있도록 화로나 아궁이에 불씨를 살려두려고 노력했습니다. 성냥이 발명되면서는 손쉽게 불을 피울 수 있게 되었습니다. 이 성냥도 성냥갑 옆면에 발라 있는 유리모래에 성냥을 긋는 방식으로 마찰을 일으켜 불을 붙이지요.

장작, 석탄, 석유, 천연가스 같은 연료를 태워서도 열에너지를 얻을 수 있습니다. 나무는 오랫동안 인류의 방을 따뜻하게 해 주고 음식을 익혀 주고 쇠를 녹여 물건을 만들게 해 준 자원이었습니다. 공업이 발달하는 산업 시대에 들어서면서부터 석탄이 유용한 연료로 쓰였습니다. 하지만 석유의 효능이 발견된 다음에는 대부분 석유, 천연가스를 연료로 사용합니다. 석탄이나 석유를 태우면 이산화탄소도 많이 발생하고 유해 가스도 배출된다는 큰 문제가 있습니다.

전기에너지를 이용해서 열을 낼 수도 있습니다. 커피포트에 플러그를 꽂으면 물을 끓일 수 있고, 다리

미를 전기에 연결하면 옷의 주름을 펼 수 있지요. 전기담요를 이용해서 따뜻하게 잘 수도 있습니다. 전기에너지를 얻는 방식은 발전 방식에 따라 수력 발전, 화력 발전, 원자력 발전, 태양열 발전, 풍력 발전, 조력 발전 등 여러 가지입니다. 발전소에서 만든 전기는 각각의 가정이나 공장으로 전선을 통해 보내집니다. 필요할 때 플러그를 꽂아 편리하게 쓸 수 있도록 하기 위해서입니다.

화학 반응이 일어날 때도 열에너지가 발생합니다. 겨울에 인기 많은 주머니 난로는 화학 반응으로 일어나는 열로 손을 따뜻하게 해 줍니다. 주머니 난로에는 철 가루, 탄소 가루, 소금이 들어 있어 흔들어 주면 공기 중의 산소와 만나면서 열이 납니다. 철 가루, 탄소 가루, 소금 대신 아세트산나트륨이 들어 있는 경우도 있습니다. 아세트산나트륨은 안의 금속 단추를 똑딱이면 아세트산나트륨이 굳으면서 열이 납니다.

이렇게 여러 가지 방법으로 얻을 수 있는 열에너

화학 반응

어떤 물질이 다른 물질과 반응하여 성질이 다른 물질로 변하는 현상입니다. 의약품, 플라스틱 같은 물질을 만드는 데도 이 화학 반응을 이용하며, 음식물이 우리 몸속에서 소화되는 과정도 화학 반응의 예입니다.

지는 사실 모든 활동이 있는 곳에서 늘 만들어집니다. 우리가 운동을 하면 체온도 같이 높아지지요? 운동에너지로 전환된 몸속의 에너지 중 일부가 열로 바뀌었기 때문입니다. 컴퓨터 같은 기기를 사용하면 기기가 작동하면서 뜨거워집니다. 컴퓨터에 사용된 전기에너지의 일부가 열에너지로 바뀌었기 때문입니다. 이런 현상은 비가 올 때도, 바람이 불 때도, 폭포가 쏟아져 내릴 때도 마찬가지예요. 모든 에너지의 전환 과정에서 에너지의 일부는 열에너지로 바뀝니다.

하지만 이렇게 발생한 열에너지를 모아서 다시 다른 에너지로 전환할 수는 없습니다. 우리가 사용할 수 없는 에너지가 되기 때문입니다.

스모그

　18세기는 유럽에서 산업이 발전하기 시작했으며 인구도 크게 증가한 시기입니다. 그에 따라 석탄 소비량도 늘어났지요. 그러자 도시의 매연을 비롯하여 대기 속의 오염 물질이 마치 안개처럼 도시를 뒤덮는 스모그 현상이 나타났습니다. '스모그'는 연기(smoke)에 안개(fog)를 합친 말입니다. 1872년 런던에서는 스모그 때문에 243명이나 죽었고, 1952년 12월 4일에서 10일 사이에는 '런던 스모그 사건'이 일어나 수천 명이 죽었습니다. 그제야 사람들은 오염 물질이 얼마나 위험한지 깨달았습니다.

스모그가 낀 미국 로스앤젤레스의 풍경.

 # 빛에너지

식물은 햇빛을 받아 양분을 만듭니다. 사람도 햇빛을 받아 만드는 영양소가 있습니다. 햇빛을 쪼이지 못하면 몸속에서 비타민 D를 만들지 못해 구루병 같은 질병에 걸릴 수 있습니다. 햇빛을 모아 전기를 만들 수도 있지요. 이렇듯 빛에너지란 빛이 가지고 있는 에너지를 뜻합니다.

빛에너지는 어떻게 얻을 수 있을까요?

태양 빛을 직접 이용하는 방법이 있습니다. 빛이 잘 들어오는 곳은 따로 조명 기구를 켜지 않아도 환하지요. 그래서 건물을 지을 때 빛이 잘 들어오도록 창을 크게 내거나 아예 벽을 유리로 만들기도 합니다. 하지만 태양 빛은 낮에만 이용할 수 있어요. 빛을 저장해 두었다가 밤에 사용할 수는 없습니다.

이런 단점을 보완하기 위해 사람들은 불을 피워서 빛을 만들었습니다. 불을 피우면 열과 함께 빛이 생겨납니다. 촛불을 켜면 주변을 밝힐 수 있지요. 등잔불, 횃불, 모닥불도 빛을 만들기 위해 사용되었습니다.

많은 빛이 필요한 경우 전기에너지를 빛에너지로 바꾸어 사용합니다. 전기에너지는 앞에서 살펴보았듯이 우리에게 필요한 형태의 에너지로, 바꾸기 쉽기 때문에 여러 곳에서 편리하게 쓰입니다.

그러면 빛에너지는 어디에 쓰일까요?

전기가 없던 시절에는 촛불로 주변을 밝혔다.

　사람들은 빛에너지를 이용하여 불을 밝힙니다. 불을 밝히면 해가 진 후에도 책을 읽을 수 있고 광산같이 어두운 곳에서 일할 수도 있지요. 도로에 가로등이 켜지면 밤에도 차들이 안전하게 다닐 수 있고, 비행기도 안전하게 이륙하거나 착륙할 수 있습니다. 또 자동차들은 좌우의 조명을 깜박여 멈춰 설지, 좌회전이나 우회전을 할지, 또는 앞지르기를 할지 앞차나 뒤차에 신호를 보낼 수 있습니다. 빠른 연락 수단이 없던 옛날에는 긴급한 사항을 불로 알렸는데, 이 불을 '봉화'라고 합니다. 텔레비전이나 영화를 볼 수 있는 것도 빛을 이용한 덕분입니다. 또 조명을 비추어 공연 무대를 화려하게 꾸미기도 합니다.

　빛에너지를 이용하여 전기에너지를 만들 수도 있습니다. 태양 전지에 빛을 비추면 태양 전지 안의 반도체에서는 빛에너지를 이용하여 전기를 만들

조명이 쓰이는 곳은 셀 수 없을 만큼 많다.
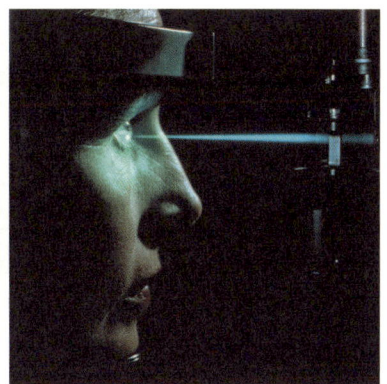
레이저도 빛의 한 종류이다.

어 냅니다. 전기를 만드는 이런 방식을 태양광 발전이라고 합니다.

레이저 역시 빛을 이용합니다. 레이저를 활용한 도구에는 레이저 포인터가 있어요. 레이저 포인터를 쓰면 발표회를 할 때 화면을 가리지 않고도 필요한 부분을 가리킬 수 있습니다. 레이저는 섬세한 수술을 할 때 의료 기기로도 쓰입니다. 보석에 구멍을 뚫거나 시계 부품의 구멍을 정확하게 뚫는 데도 쓰이고, 낭비되는 부분 없이 옷감을 정확하게 자를 때도 쓰입니다.

빛 중에는 우리 눈에 직접 보이지 않는 빛도 있습니다. 적외선, 자외선, 엑스선 같은 빛이지요. 적외선은 농산물을 건조하고, 위조 화폐나 위조 문서를 검사하고, 병원에서 소독과 멸균을 하는 데 이용됩니다. 자동 경보기에도 이용되고요. 자외선은 현미경으로 물체를 관찰하는 데 쓰이고, 보석을 감정하는 데도 쓰입니다. 엑스선은 병원에서 엑스레이를 찍어 뼈의 모양을 살펴보고 진단하는 등 여러 곳에 이용됩니다.

# 화석에너지

석탄, 석유, 천연가스 같은 자원을 연료로 하여 얻는 에너지를 화석에너지라고 합니다. 왜냐하면 화석이 만들어지듯이 아주 옛날에 살던 동식물이 땅속에 묻혀 오랜 시간 열과 압력을 받으면서 연료로 만들어졌기 때문이에요.

석탄은 어떻게 만들어졌을까요? 따뜻하고 습기가 많았던 수억만 년 전, 지구에는 고사리 같은 식물이 번성하여 커다란 숲을 이루었습니다. 그때의 식물은 대체로 습지나 얕은 물 밑에 뿌리를 내리고 살았기 때문에 죽으면 물속에 가라앉아 파묻혔습니다. 오랜 시간이 지나면서 두껍게 쌓인 고사리 지층은 그 위에 두껍게 쌓인 지층에서 가하는 압력과 지구 내부의 지열을 받는 동안 석탄으로 바뀌었습니다.

석유와 천연가스는 어떻게 만들어졌을까요? 수백만 년 전에 바다나 호수에 살던 미생물이 죽어 땅속으로 가라앉고 진흙이나 모래층에 묻혔습니다. 진흙과 모래는 서서히 바위가 되면서 죽은 동식물을 짓눌렀고, 땅속 깊은 곳에 묻힌 죽은 동식물은 미생물의 작용과 지구 내부의 열과 압력을 받아 마침내 석유나 천연가스 등으로 변했습니다. 이렇게 생성되어 지하에 보존되어 있는 석유나 천연가스를 오늘날 우리가 뽑아내어 이용합니다.

석탄, 석유, 천연가스는 오랜 시간 열과 압력을 받아 압축되었기 때문에

화석 연료

지질 시대에 생물이 땅속에 묻혀 화석처럼 굳어져 오늘날 연료로 쓰이는 물질입니다. 이 화석 연료는 나라별로 편중이 심하게 묻혀 있기 때문에 가격과 공급이 항상 불안정합니다. 우리나라처럼 석유가 없는 나라는 국제 석유 가격이 오르면 심각한 타격을 받습니다.

저장되어 있는 에너지 양이 많습니다. 그래서 화석 연료는 같은 양의 나무를 태울 때보다 훨씬 많은 에너지를 제공해 줍니다.

게다가 화석에너지는 저장과 운송이 쉬워 필요할 때, 필요한 곳에서 사용하기에도 아주 편리한 형태의 에너지입니다. 자동차의 연료통에 휘발유를 넣으면 어디든 가고 싶은 곳으로 운전해서 갈 수 있습니다.

하지만 다른 형태의 에너지는 저장과 운송이 어렵습니다. 열에너지를 생각해 볼까요? 팔팔 끓여 열에너지로 가득한 물도 시간이 지나면 차갑게 식어 버립니다. 보온병을 이용해도 언제까지나 따뜻하지는 않습니다. 빛에너지도 빛 자체를 저장해 두었다가 꺼내 쓸 수는 없지요. 빛이 필요하면 무언가를 태우거나 전구에 전기를 연결해야 해요. 그래서 우리는 빛에너지, 운동에너지, 열에너지가 필요할 때 전기에너지를 이용해 필요한 에너지로 전환합니다.

그렇다면 전기에너지는 어떨까요? 전기에너지를 쓰려면 전선을 꽂아 발전소에서 계속 전류를 공급받아야 합니다. 다른 에너지와 달리 전기에너지는 건전지에 저장해 사용할 수 있습니다. 하지만 건전지에 저장할 수 있는 전기에너지의 양은 그리 많지 않습니다.

화석에너지의 이런 효율성과 편리함 때문에 우리는 현재 사용하는 대부분의 에너지를 화석에너지에 의존하고 있습니다.

특히 석유는 세계적으로 가장 많이 사용되고 있는 에너지원입니다. 자동차, 배, 비행기 모두 석유를 연료로 해 움직입니다. 석유는 발전소에서나

원유를 휘발유, 경유, 등유로 쓰려면 정유소에서 정제하여 걸러 내야 한다.

공장에서 물건을 만드는 데 쓰입니다. 원유를 정제하면 휘발유와 등유, 중유, LPG, 부탄 같은 다양한 형태의 연료를 얻을 수 있습니다. 그리고 합성 섬유, 페인트, 아스팔트, 의약품, 비료, 화장품, 세제 같은 우리 생활에 필요한 여러 용품을 만드는 원료로 쓰이기도 합니다. 우리 주변에서 석유가 전혀 들어가지 않은 물건을 찾아보기 어려울 정도입니다.

증기 기관이 처음 발명되었을 때 석탄은 증기 기관차를 달리게 하고, 증기선이 대양을 누비게 하고, 공장에서 방적기가 돌아가게 한 최고의 에너지원이었습니다. 산업화 시대를 이루게 한 연료라고 할 수 있지요. 하지만 석유가 등장하면서 석탄은 이전만큼 많이 쓰이지 않게 되었습니다. 석유를 태우면 석탄을 태울 때처럼 재도 남지 않고 더 높은 열을 낼 수 있기 때문입니다. 그렇지만 아직까지 석탄은 중요한 에너지원입니다. 대표적인 예로, 연탄을 만드는 데 석탄이 필수입니다. 지금처럼 도시가스와 석유로 보일러를 돌리기 전에는 가정마다 연탄을 사용해서 난방을 했습니다. 지

19세기에는 중요한 연료인 석탄을 운반하기 위해 곳곳에 선로를 깔고 기차역을 세웠다.

금도 제철소나 화력 발전소에는 석탄이 석유만큼 많이 쓰일 뿐 아니라 일부 가정집에서는 여전히 연탄을 이용해 난방을 합니다.

천연가스는 화석 연료 가운데 오염 물질이 가장 적게 배출되고, 이산화탄소 발생량이 절반밖에 안 되어 새로운 에너지원으로 주목받고 있습니다. 천연가스는 발전소에서 발전을 위한 연료로 쓰입니다. 또 각 가정에서, 빌딩에서, 상점에서 난방을 하거나 요리를 하는 데 쓰이기도 합니다. 천연가스 버스처럼 자동차 연료로도 쓰이지요.

석탄, 석유, 천연가스 같은 화석에너지는 몇백만 년이나 되는 오랜 세월에 걸쳐 형성되었는데 우리는 몇백 년도 안 되는 사이에 빠른 속도로 써 버리고 있습니다. 더구나 화석에너지 소모량은 점점 늘고 있지요. 언젠가 우리는 지구에 있는 석유와 석탄을 모조리 써 버릴 것입니다. 그래서 화석 연료를 고갈 자원이라고 합니다.

또한 화석 연료를 사용하면서 이산화탄소와 유해 가스가 배출되어 지구 온난화와 환경 오염 문제가 발생했습니다. 지구 온난화 때문에 생긴 기후 변화는 지구 전체가 맞닥뜨린 심각한 문제입니다.

이 때문에 인류는 화석 연료의 사용을 줄이려고 노력하고 있습니다. 동시에 환경에 영향을 미치지 않고 고갈될 염려가 없는 새로운 에너지원을 찾아 오래전부터 노력했습니다. 지금 이 순간에도 곳곳에서 대체에너지와 청정에너지를 개발하기 위해 애쓰고 있습니다.

대체에너지

석유, 석탄, 천연가스 같은 화석 연료를 대체할 수 있는 에너지입니다. 알코올, 식물성 기름, 물고기에서 짜낸 기름 등이 대체 연료로 주목받고 있습니다. 브라질에서는 순수 알코올만으로 움직이는 자동차를 선보였습니다.

청정에너지

환경을 오염시키지 않는 깨끗한 에너지로서 무공해에너지라고 불리기도 합니다. 태양, 지열, 풍력, 조력 등을 이용하는 그린에너지와 생물체를 에너지원으로 하는 바이오매스에너지, 수소에너지 등이 여기에 포함됩니다.

화학 변화는 에너지를 만들어요

두 가지 이상의 물질이 서로 반응하여 전혀 다른 물질로 바뀌는 것을 화학 변화라고 합니다. 화석에너지는 화학 변화에서 나오는 화학에너지의 한 종류입니다.

식물의 광합성 과정도 화학 변화의 한 예입니다. 식물의 초록색 잎은 햇빛을 받으면 이산화탄소와 물을 결합시켜 포도당과 산소로 바꿉니다. 우리가 음식을 먹고 소화하는 과정도 화학 변화입니다. 음식을 먹으면 위액이나 이자액 같은 소화액이 단백질이나 탄수화물을 포도당으로 바꿉니다. 나무, 석탄, 석유, 천연가스를 태우면 안의 탄소 성분이 산소와 결합하면서 이산화탄소로 변하는 화학 반응이 일어납니다.

화학 변화가 일어나면서 동시에 열을 발생시키기도 하고 반대로 열을 흡수하기도 합니다. 우리가 나무, 석탄, 석유, 천연가스를 연료로 이용하는 것은 이 연료들이 열을 만드는 화학 변화를 일으키기 때문입니다.

전기에너지

사람들은 전기에너지를 이용하여 많은 일을 합니다. 청소기도 돌리고, 세탁기로 빨래도 하고, 컴퓨터로 인터넷 검색을 하거나 전화로 친구와 이야기도 나눕니다. 자동차나 비행기의 계기판도 전기로 작동합니다.

스위치만 켜면 전기에너지를 사용할 수 있다.

이렇게 편리한 전기에너지는 어떻게 생길까요?

모든 물질은 원자로 이루어집니다. 금은 금 원자(Au)로, 철은 철 원자(Fe)로 이루어집니다. 물은 수소 원자(H)와 산소 원자(O)가 결합하여 이루어집니다. 이렇게 원자들이 결합한 것을 분자라고 합니다. 석탄이나 석유는 탄소 원자(C)가 다른 원자들과 결합한 분자 구조로 이루어집니다. 살아 있는 생물의 몸은 훨씬 더 복잡한 구조의 분자들로 구성됩니다.

원자는 다시 전자와 원자핵으로 나뉩니다. 전자는 전기적 성질을 띠고 있어서, 전자가 원자에서 튀어나와 이동할 때 전류가 흐릅니다. 전기에너지는 전자가 이동하여 생기지요.

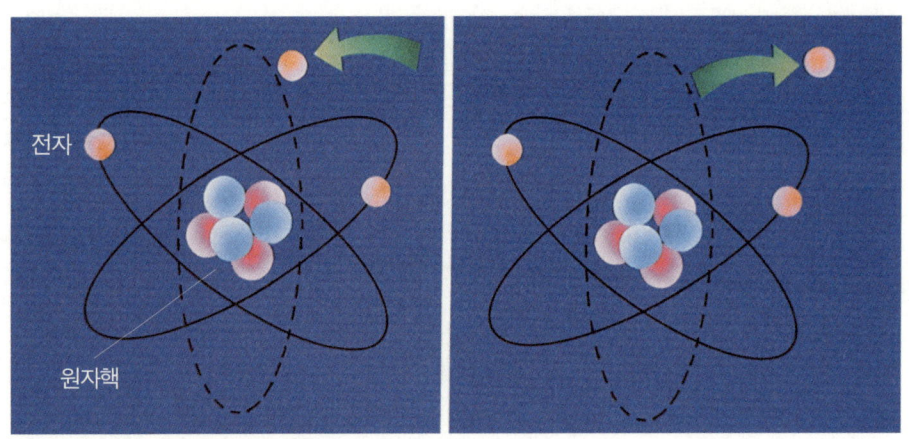

전기에너지는 전자의 이동으로 생긴다.

겨울철에 스웨터를 벗을 때 종종 정전기가 일어나곤 합니다. 스웨터와 다른 옷이 마찰하면서 전자가 옮겨 갔기 때문에 전기가 발생한 것입니다. 번개도 구름끼리 마찰이 일어나면서 전자가 이동해 전기가 발생하는 현상입니다.

전자는 마찰력뿐 아니라 자석의 힘에 따라서도 이동합니다. 고리 모양으로 감은 코일 안에서 자석을 움직이면 코일에는 전류가 흐르게 됩니다. 강한 자석을 이용할수록, 코일을 많이 감을수록, 자석을 빨리 움직일수록 강

번개는 구름이 일으킨 마찰 전기의 빛이고 천둥은 마찰 전기의 소리이다. 벼락은 이 마찰 전기가 땅 가까운 곳으로 떨어지는 현상이다.

한 전류가 발생합니다. 이러한 원리를 이용해 자기장 내에서 코일을 회전시켜 전기를 만들어 내는 것이 발전기입니다. 발전소에서는 발전기로 만든 전기를 전선을 통해 공장이나 가정으로 보내 우리가 사용할 수 있게 해 줍니다.

발전소에서 전기를 만드는 데에도 에너지가 필요합니다. 어떤 에너지를 이용해 발전기를 돌리는가에 따라 화력 발전, 수력 발전, 원자력 발전 등 여러 가지로 구분됩니다.

화력 발전이란 석탄, 석유, 천연가스 같은 연료를 연소할 때 나오는 열에너지로 물을 끓여 증기를 만들고, 이 증기로 터빈을 돌려 발전기를 돌아가게 하는 방식을 말합니다.

화력 발전은 연료를 수송하기 쉽고 전력이 필요한 곳 가까이에 발전소를

충청남도 보령시에 있는 화력 발전소. 우리나라 최대 규모의 화력 발전소이다.

세울 수 있어 매우 편리합니다. 그래서 많은 나라에서 주로 화력 발전소를 통해 전기에너지를 생산합니다. 다만 발전을 하기 위해 많은 화석 연료를 써야 하는 점이 문제입니다. 화석 연료의 사용을 줄이는 일은 전 세계의 공통 과제입니다.

원자력 발전도 물을 끓여서 증기를 만들고 이 증기로 터빈을 돌려 발전기를 돌립니다. 증기를 만들기 위한 에너지는 우라늄 원자의 핵분열 반응을 통해 얻습니다.

원자로 안에서 우라늄 원자의 원자핵을 쪼개면 화석 연료를 태울 때의 몇백 배나 되는 에너지가 생겨납니다. 따라서 원자력 발전 방식을 쓰면 연료비가 많이 들지 않는다는 장점이 있습니다. 그러나 원자로를 만들기 위해서는 다른 발전소보다 훨씬 많은 비용이 듭니다. 또한 발전 과정에서 방사선과 방사성 폐기물이 나오기 때문에 이를 안전하게 처리하는 일이 문제입니다.

원자력 발전이 얼마나 위험한지를 보여주는 비극적인 사고가 있습니다.

1986년 4월 26일, 우크라이나의 체르노빌 원자력 발전소에서 원자로가 폭발한 사건이 있었습니다. '체르노빌 원자력 발전 사고'라고 불리는 이 사고의 폭발로 순식간에 방사능이 누출되고 불기둥이 50미터나 치솟는 화재가 발생했지요. 고도의 방사능에 노출되어 직간접적으로 20만 명에 이르는 사람이 사망했고 체르노빌은 사람이 살 수 없는 지역으로 변했습니다. 이렇듯 원자력 발전은 장점이 큰 만큼 많은 위험 요소가 있습니다.

원자력은 장점이 큰 만큼 단점도 커.

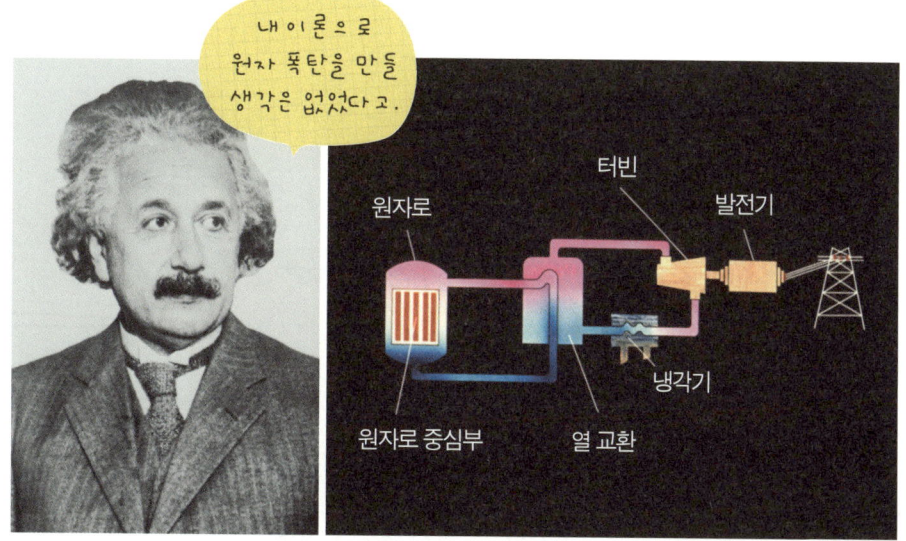

내 이론으로 원자 폭탄을 만들 생각은 없었다고.

◀ 아인슈타인이 주장한 질량과 에너지 보존의 법칙 덕분에 원자력에너지를 이용할 수 있게 되었다.
▶ 원자력 발전의 구조.

수력 발전은 흐르는 물의 힘으로 터빈을 돌려 발전기를 돌아가게 하는 발전 방식입니다.
　강 상류에 댐을 만들어 물이 고이게 하고 높은 곳에 고인 물의 위치에너지를 이용하면 터빈을 돌릴 수 있습니다. 이렇게 댐을 이용하는 수력 발전을 댐식 발전이라고 합니다. 대부분의 수력 발전소는 댐식입니다.
　발전소 위아래에 저수지를 만들어 낮에는 위의 저수지의 물을 아래로 보내 전기를 만들고, 밤에 남는 전기를 이용하여 아래 저수지의 물을 위의 저수지로 올려 전기를 만드는 방식도 있습니다. 이런 방식을 양수 발전이라고 합니다.
　수력 발전은 물을 이용하므로 공해가 생기지 않고 연료가 들지 않아 운영비가 저렴합니다. 또 발전하는 데 시간도 적게 들며 발전량을 조절하기도 쉽습니다.

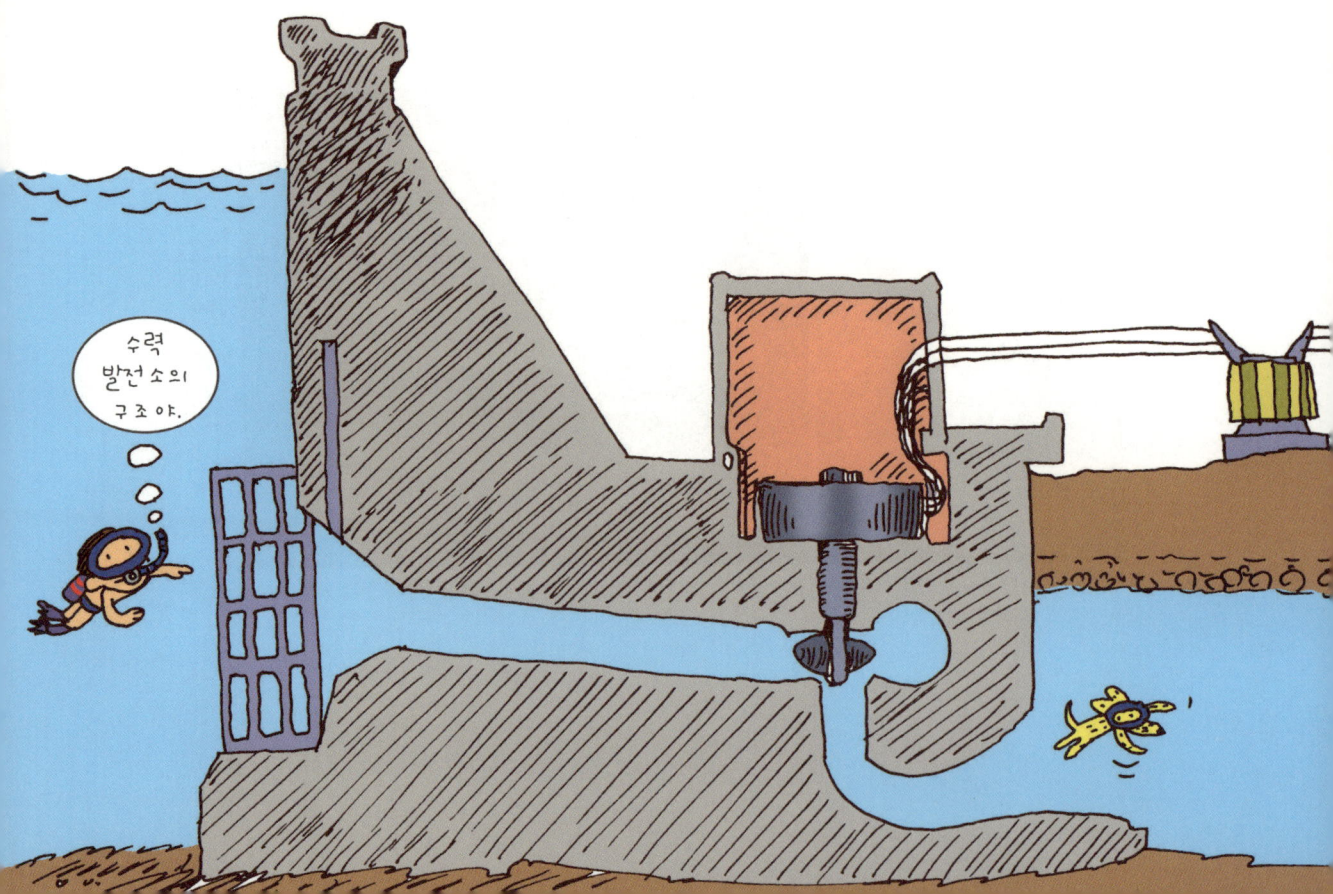

대부분의 수력 발전소는 댐식이다.

　하지만 수력 발전소를 세우려면 경비가 많이 들고, 건설하는 데 시간도 오래 걸립니다. 또한 강 상류나 저수지가 있는 곳에만 발전소를 세울 수 있습니다. 따라서 수력 발전으로 만든 전기를 멀리 있는 가정이나 공장으로 전달하려면 큰 전력 손실을 감수해야 합니다.
　댐을 건설하는 과정에서 아름다운 자연과 생태계를 파괴한다는 문제도 있습니다. 과거에는 댐을 만들기 위해 사람들이 오랫동안 살았던 마을 전체를 물에 잠기게 한 기막힌 일도 있었습니다.

전기를 연구한 과학자들

전기를 처음 발견한 사람은 그리스의 철학자 탈레스입니다. 탈레스는 황갈색의 반투명한 보석 호박을 헝겊에 문지르다가 전기를 발견했습니다. 호박을 헝겊에 문지르는 과정에서 정전기가 일어나 머리카락이나 실오라기 같은 것을 끌어당겼던 것입니다. 전기(electricity)라는 말은 호박을 가리키는 그리스어 엘렉트론(elektron)에서 유래했습니다. 그리스 사람들이 전기를 호박 현상이라고 불렀기 때문입니다. 미국의 벤저민 프랭클린은 번개가 칠 때 연을 날려 연이 번개에 맞도록 하는 실험을 했습니다. 이 실험을 통해 번개가 구름이 일으킨 마찰 전기라는 사실을 알아냈지요. 프랑스의 뒤페는 전기와 자기를 연구한 끝에 전기에는 양의 성질을 띤 전기와 음의 성질을 띤 전기가 있다는 사실을 발견했습니다. 또 쿨롱은 전기력의 크기를 계산할 수 있는 쿨롱의 법칙을 발견했습니다.

이탈리아의 물리학자 볼타는 지금의 건전지와 비슷한 볼타 전지를 발명했습니다. 볼타

전지가 발명되기 전에는, 일으키면 금세 사라지는 정전기와 같은 전기만을 대상으로 전기를 연구했습니다. 볼타 전지의 발명은 전기를 더 잘 연구할 수 있게 해 주었고, 전기 화학이 크게 발전하는 계기가 되었습니다.

에디슨의 다양한 발명품은 우리가 생활 속에서 전기를 이용하는 데 매우 중요한 역할을 했습니다. 백열전구, 전화, 계산기, 축음기, 믹서, 건조기, 영사기, 알카라인 축전지, 전기난로, 다리미, 토스터 등 수없이 많은 발명품이 그의 손에서 쏟아져 나왔습니다.

그 후에 영국의 물리학자 J. J. 톰슨이 음극선 실험을 통해 원자 안에 있는 전자를 발견했습니다. 이를 통해 전기가 무엇인지, 어떻게 해서 전기가 생기는지 설명할 수 있게 되었습니다. 이 연구로 톰슨은 노벨 물리학상을 받았답니다.

# 재생에너지

재생에너지는 태양열, 태양광 발전, 바이오매스(생물 자원), 풍력, 소수력, 지열, 해양에너지, 폐기물 에너지 등이 있습니다. 이 재생에너지들은 어떤 에너지인지 차근차근 알아봅시다.

다양한 재생에너지

우리가 현재 사용하는 에너지 대부분의 원천은 석유와 천연가스입니다. 화석 연료는 매장량이 한정되어 있어 100년 안에 모두 고갈될 것이라고 말하는 사람도 있습니다. 또 화석 연료는 이산화탄소를 발생시켜 지구 환경에 악영향을 미치고 있지요. 그래서 사람들은 화석 연료를 대체할 수 있는 새로운 에너지를 찾고 있습니다.

고갈되지 않고 환경 문제도 일으키지 않는 에너지에는 무엇이 있을까요? 태양이 가진 에너지나 바람이 가진 에너지처럼 자연의 에너지는 공해를 거의 일으키지 않습니다. 또한 고갈될 염려도 없고요. 이처럼 아무리 써도 없어지지 않는 깨끗한 에너지를 재생에너지라고 합니다. 재생에너지를 효율적으로 이용할 수 있게 되면 미래에는 에너지 걱정을 하지 않아도 될 것입니다.

재생할 수 있는 에너지의 종류는 매우 다양합니다. 가장 많이 쓰이는

것이 태양에너지이고 그 밖에 풍력, 바이오매스, 지열, 조력, 파도 등이 있습니다. 우리가 수력 발전에서 살펴보았던 물 에너지도 재생에너지입니다.

태양에너지

태양에너지는 지구의 모든 에너지의 근원으로서 사람들은 태양에너지를 여러 방식으로 이용해 왔습니다. 그리고 이제는 연구를 통해 온수를 만들거나 난방을 하거나 전기를 만드는 등 태양에너지를 더욱 직접적으로 사용할 수 있는 방법을 찾아냈습니다.

태양열을 잘 흡수하는 집열판을 이용하여 온수 탱크의 물을 데우면 집안에서 따뜻한 물을 쓸 수 있습니다. 난방에도 이용할 수 있고요. 이때 태양열로 물을 끓여 발생하는 증기를 통해 전기를 만들 수도 있습니다.

태양 전지를 이용해 태양에너지로 전기를 생산하기도 합니다. 태양광 발전은 태양 광선이 반도체로 된 태양 전지에 내리쪼이면 그 빛의 일부가 전기에너지로 전환되어 전기를 얻는 방식입니다. 이 태양광 발전은 계산기, 시계, 카메라, 인공위성 등 주로 적은 양의 전기를 얻는 데 많이 쓰입니다. 점점 태양 전지로 전기를 만들어 사용하는 곳이 늘고 있습니다.

태양 전지로 모터를 돌리는 모습.

태양광 발전소의 풍경.

풍력 발전소의 풍경.

태양열 조리기

  독일의 발명가 디터와 셰플러는 태양 빛을 모아 요리할 수 있는 태양열 조리기를 발명했습니다. 그리고 연료와 자원이 부족한 국가의 사람들이 자유롭게 이용할 수 있도록 특허를 신청하지 않았지요. 태양열 조리기 덕분에 인도 사람들은 하루에 몇 시간씩이나 힘들게 땔감을 모으러 다니지 않고도 요리할 수 있게 되었습니다.

  태양열 조리기는 가정에서 요리할 때뿐 아니라 학교, 공장, 병원 등 열에너지가 필요한 곳 어디에서나 이용할 수 있습니다.

바람에너지

바람에너지 역시 오랫동안 사람들이 이용해 온 에너지로서 이제는 바람의 힘으로 풍차를 돌려 전기를 만들어 내는 단계에 이르렀습니다. 바람의 운동에너지가 프로펠러에 닿을 때 생기는 회전력으로 발전기를 돌려 전기를 만드는 발전 방식을 바로 풍력 발전이라고 합니다.

풍력 발전소는 구조가 간단하여 설치하기 쉽고 사람이 조절하지 않고 자동으로 운영할 수도 있습니다. 이런 장점 덕분에 풍력 발전소는 해마다 증가하고 있습니다.

현재 우리나라에는 제주도와 대관령, 영덕에 풍력 발전소가 있습니다.

파도에너지

파도가 가진 에너지를 이용하여 발전을 하는 파력 발전도 있습니다. 발전 장치를 바다에 띄우는 방식과 해안에 설치하는 두 가지 방식이 있어요.

첫 번째 방식은 발전기와 진자를 부표 안에 넣어 만든 발전 장치를 물에 띄우고 파도가 칠 때 발전 장치가 운동에너지를 얻도록 하여 발전할 수 있습니다. 파도가 치면서 부표 안의 진자가 흔들리면 이 흔들림이 발전기를 돌리는 방식입니다. 그렇게 하여 발전이 되면 부표 안에 전등을 켜거나 소리를 내게 하여 위험한 항로의 표지로 이용하거나 안전한 항로를 안내하도록 할 수 있습니다.

두 번째 방식은 바닷가 암벽에 발전 장치를 고정하고 파도가 칠 때 물의 위치에너지로 발전기를 돌리는 것입니다.

파도에도 에너지가 있다.

부표

바다 위에 배가 안전하게 항해하도록 돕기 위해 설치한 항로 표지 중의 하나입니다. 암초나 여울, 침몰선 따위가 있는지 알리는 역할을 하지요. 부표가 떠내려가지 않게 하기 위해 해저와는 사슬로 연결하여 띄웁니다. 부표는 '띄움표, 부자'라고도 부릅니다.

밀물과 썰물의 에너지

밀물과 썰물을 이용해 만든 수력 발전소도 있습니다. 조수 간만의 차를 이용하기 때문에 조력 발전소라고 부릅니다. 밀물이 들어와 바닷물이 높아지면 댐의 수문을 닫아 물을 가둬 둔 후 썰물로 바닷물이 낮아지면 댐의 수문을 열어 물이 흘러 나가게 해 터빈을 돌리는 방식이지요.

영국과 독일의 기술자들은 댐을 건설하지 않고 전기를 생산하는 방식의 조

프랑스의 랑스 조력 발전소.

력 발전기를 만들었어요. 커다란 댐은 갯벌과 바다의 생태계에 좋지 않은 영향을 끼치기 때문입니다. 댐이 필요 없는 조력 발전기는 조수 간만의 차이가 큰 곳 어디에나 설치할 수 있어요. 이 발전기는 기둥이 바다 바닥에 단단히 박혀 있고, 기둥에 붙어 있는 날개가 돌아가면서 통 속의 발전기를 돌린답니다. 전기를 만드는 방식이 풍력 발전기와 같지만 날개와 통이 바닷물 속에 항상 잠겨 있어야 한다는 점이 다르지요.

프랑스의 랑스 강 하구에는 세계에서 가장 큰 조력 발전소가 있습니다. 1966년에 건설되어 40년 이상 운영되고 있지요. 랑스 조력 발전소는 인구 23만 명의 도시에서 쓸 수 있는 전력을 생산하고 있습니다. 우리나라도 경기도 안산에 있는 시화호에 조력 발전소를 지었습니다.

지열에너지

지열은 지구 내부에서 나오는 열입니다. 지열 발전은 열을 받아들여 지상에 설치한 발전기의 터빈을 돌려 전기를 생산하는 발전 방식입니다.

지구는 중심으로 들어갈수록 뜨거워져 중심부 온도는 무려 4000°C나 됩니다. 땅속의 온도가 밖으로 빠져나와 지열에너지가 되고요. 지열 발전은 이산화탄소를 많이 배출하지 않고 오염 물질도 거의 없습니다. 하지만 얻을 수 있는 전력이 적고 땅속으로 구멍을 뚫는 데 한계가 있어서 주로 화산 지대에서만 개발되고 있습니다.

이탈리아의 라르데렐로 지역에서는 최초로 지열 증기를 이용해 전기에너지를 만들었습니다. 현재는 이탈리아뿐 아니라 전 세계에 지열을 이용해서 발전

지열

지열이란 지표면의 얕은 곳에서부터 수 킬로미터 깊이에 존재하는 뜨거운 물과 암석을 포함하여, 땅이 가지고 있는 에너지입니다. 쉬운 말로 땅속열이라고 합니다.

미국 캘리포니아 주의 래슨 화산 국립공원.

하는 곳이 널리 퍼져 있습니다. 미국과 필리핀에서는 상당한 양의 발전을 지열 발전으로 하고 있지요. 필리핀은 지열 발전으로 전체 전력의 22%를 공급한답니다. 그 밖에 인도네시아, 일본, 멕시코, 뉴질랜드 등에도 상당한 용량이 설비되어 있고, 점차 늘어나는 추세입니다.

바이오매스

바이오매스란 에너지로 이용할 수 있는 생물의 집합체를 말해요.

나무나 짚은 옛날부터 난방하고 요리하는 데 사용되었지요. 가정, 목장, 농장, 공장에서 나오는 쓰레기나 퇴비, 분뇨를 태울 때 나오는 열을 이용해서도 난방이나 발전을 할 수 있습니다. 혹은 쓰레기나 퇴비, 분뇨에서 박테리아를 이용해 수소나 메탄 같은 바이오가스를 만들 수도 있습니다. 냄새 나고 더러운 줄로만 알았던 쓰레기, 분뇨가 에너지를 만들어 낼 수 있다니 놀

사탕수수를 이용해서도 연료를 만들 수 있다. ⓒ Rufino Uribe@the Wikimedia Commons

바이오디젤

콩기름 등의 식물성 기름을 원료로 해서 만든 바이오 연료로써, 바이오에탄올과 함께 가장 많이 쓰입니다.

바이오에탄올

사탕수수, 밀, 옥수수, 감자, 보리 등 주로 녹말 작물을 발효해 차량 등의 연료 첨가제로 사용하는 바이오 연료입니다. 바이오에탄올은 바이오디젤과 이름과 역할은 비슷하지만 큰 차이가 있습니다. 바이오디젤은 콩, 깨, 땅콩, 해바라기처럼 기름 성분이 있는 작물에서 식물성 기름을 추출해 만듭니다. 반면 바이오에탄올은 녹말 작물에서 포도당을 얻은 뒤 이를 발효시켜 만듭니다.

라운 일입니다.

 그뿐이 아닙니다. 옥수수나 사탕수수, 보리, 유채, 감자, 고구마 같은 식물의 뿌리나 열매를 이용해 에탄올이나 바이오디젤 같은 연료를 만들기도 합니다.

 이렇게 바이오매스를 이용한 에너지를 바이오매스에너지라고 합니다.

 독일과 스웨덴에서는 에탄올을 연료로 사용하는 자동차를 개발했습니다. 사탕수수가 많이 생산되는 브라질에서는 사탕수수를 발효해 얻은 에탄올을 휘발유에 혼합한 자동차 연료를 만들었지요. 브라질에서는 자동차의 70% 정도가 바이오에탄올을 연료 첨가제로 사용할 만큼 널리 사용되고 있습니다. 미국에서는 케르프라는 거대한 다시마를 바다에서 재배하여 메탄 만드는 연구를 하고 있답니다.

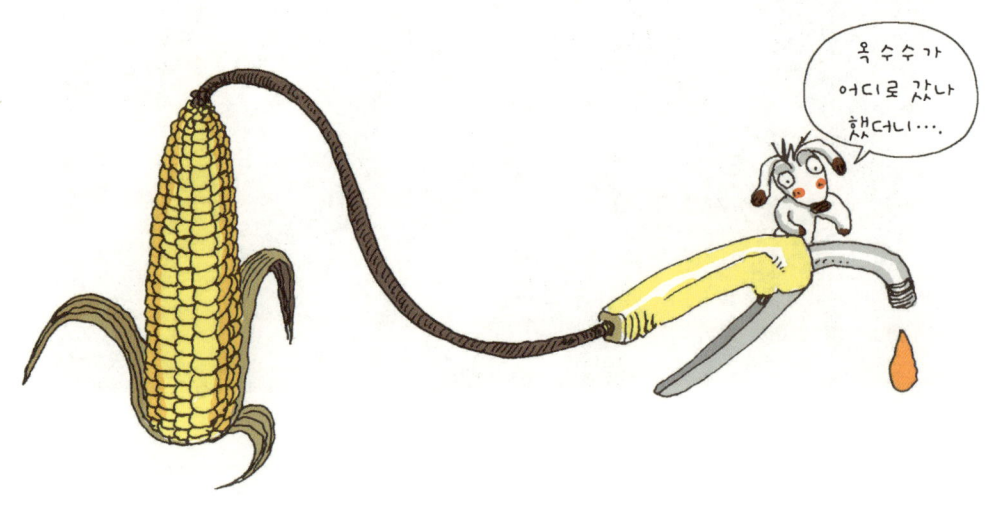

차에 바이오 연료를 넣고 있다.

　독일의 농부는 가축을 키우면서 가축의 분뇨 또한 박테리아를 이용해 바이오가스로 만들어 수익을 올리고 있습니다. 바이오가스를 만들고 난 분뇨는 다시 비료로 이용하고요.
　중국에서도 바이오가스 발전을 설비하는 데 관심을 기울이고 있습니다. 이전까지 쓰레기로 처리하던 볏짚이나 가축의 분뇨를 바이오매스로 이용하면 에너지를 얻을 수 있을 뿐만 아니라 환경 문제도 해결할 수 있습니다.
　우리나라도 전라남도 화순, 무안, 함평, 영광에 가축 분뇨 바이오가스 시설을 설치하기로 했습니다.
　물론 바이오매스에너지는 휘발유에 비해서 열량이 낮습니다. 그만큼 만들어 낼 수 있는 에너지도 적겠지요. 하지만 얼마든지 생산해 연료로 사용할 수 있고 환경에도 해롭지 않은 소중한 에너지입니다.

수소에너지

수소는 지구상에 풍부한 물을 이용해 무한정 얻을 수 있고, 에너지 효율이 높은 데다 가스나 액체로 쉽게 저장할 수 있으며, 연소해도 따로 발생하는 것은 물밖에 없으므로 환경 오염의 염려도 없는 에너지원입니다.

수소는 연료 전지로 이용될 수 있습니다. 미래의 에너지 생산 장치로 관심을 끌고 있는 연료 전지는 수소와 산소를 반응시켜서 전기와 열을 만드는 장치로 수소가 공급되면 반영구적으로 전기와 열을 생산할 수 있습니다. 자동차의 엔진 대신 연료 전지를 사용하여 전기 차를 만들 수 있고 자전거에

연료 전지

연료가 산화됨으로써 생기는 화학에너지를 직접 전기에너지로 바꾸는 전지입니다. 양극에 산소 또는 공기, 음극에 수소·알코올·탄화수소 따위를 사용하며, 값비싼 촉매를 필요로 하기 때문에 우주 로켓이나 등대 등의 특수한 용도에 쓰입니다. 아폴로 우주선에도 이 연료 전지가 사용되었습니다.

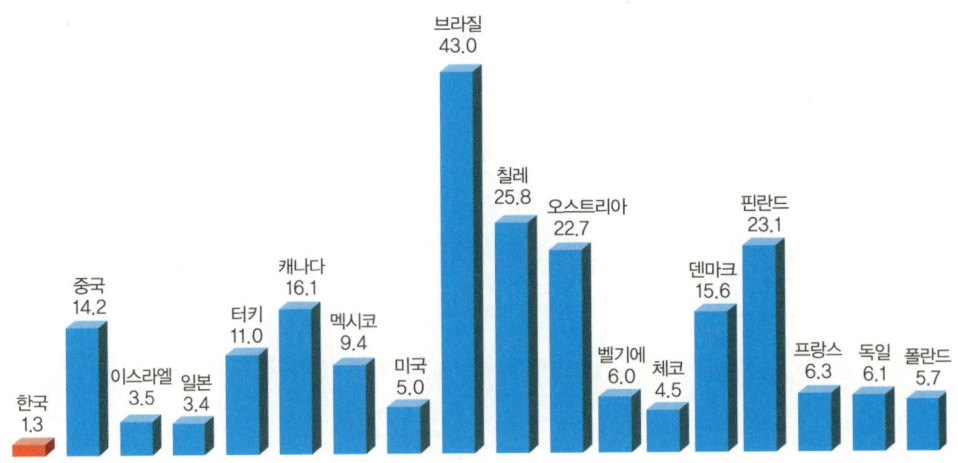

■ 2006년 재생에너지 사용 비율(%)

한국 1.3 / 중국 14.2 / 이스라엘 3.5 / 일본 3.4 / 터키 11.0 / 캐나다 16.1 / 멕시코 9.4 / 미국 5.0 / 브라질 43.0 / 칠레 25.8 / 오스트리아 22.7 / 벨기에 6.0 / 체코 4.5 / 덴마크 15.6 / 핀란드 23.1 / 프랑스 6.3 / 독일 6.1 / 폴란드 5.7

부착하면 전기 자전거를 만들 수 있지요. 또 전기가 생길 때 부산물로 생기는 열은 난방용으로 이용할 수 있습니다.

이렇게 우리에게 이롭게만 보이는 수소는 뜻밖에 무시무시한 무기를 만드는 데도 이용됩니다. 이를 수소 폭탄이라고 합니다. 수소 폭탄은 원자 폭탄보다 몇천 배 더 큰 폭발력이 있습니다. 실제로 러시아에서 '차르 봄바'라는 실험용 수소 폭탄을 만들어 공개한 적이 있어요. 폭탄을 떨어뜨렸을 때, 100㎞ 밖의 사람이 3도 화상을 입고, 후폭풍은 1,000㎞ 바깥에 있는 핀

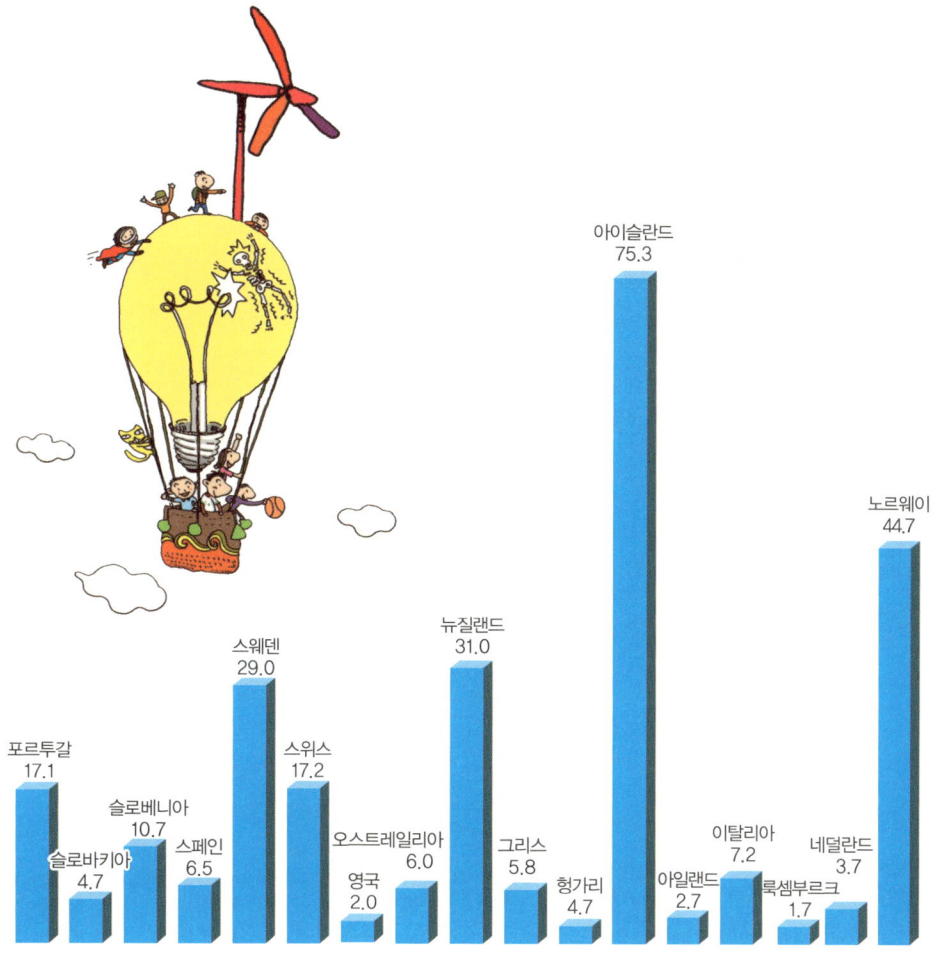

란드의 유리창을 깰 정도였다고 합니다. 폭탄에 의한 지진파가 지구 세 바퀴를 돌 정도였다고 하니 상상을 초월하지요. 수소 폭탄은 사람이 만든 무기 중 가장 강력한 무기로 평가받고 있습니다.

하지만 수소를 생산하는 일은 아직까지 쉽지 않습니다. 물에서 수소를 얻으려면 전기나 다른 에너지가 필요합니다. 현재까지는 수소에서 얻을 수 있는 에너지보다 수소를 얻는 데 필요한 에너지가 더 많다는 점이 문제입니다.

이렇게 재생에너지는 대부분 별도의 연료 없이 얻을 수 있고 고갈될 염려가 없다는 장점이 있습니다. 하지만 많은 재생에너지가 에너지를 얻기 위한 시설을 설치하는 비용이 매우 많이 들고 지형의 영향을 많이 받습니다. 풍력 발전을 하려면 바람이 아주 많이 부는 곳에 발전소를 지어야 합니다. 조력 발전을 하려면 조수 간만의 차가 큰 해안을 찾아야 하고요. 화산 지대가 아니면 지열 발전을 할 수 없겠지요. 태양에너지는 일조량이 부족한 지역에서는 이용하기 어렵습니다. 그리고 해안가나 화산 지대, 바람이 잘 부는 높은 산 위 같은 곳에 발전소를 세우면 멀리까지 전기를 보내야 하는 단점이 있습니다. 거리가 멀수록 전기에너지가 도달하는 동안 손실되는 에너지도 많아지겠지요.

현재 재생에너지는 얼마나 사용되고 있을까요?

재생에너지는 아직 널리 보급되지 못했습니다. 에너지를 개발하는 단계이기 때문입니다. 특

재생에너지는 장점이 큰 만큼 단점도 많구나. 좋아, 이제부터 재생에너지를 좀 더 연구해 봐야겠어.

히 우리나라가 사용하는 전체 에너지 중에서 재생에너지가 차지하는 비율은 1.3%뿐입니다.

　하지만 우리나라도 정부가 주도하여 재생에너지 기술 개발을 계속 추진하고 있습니다. 태양광 발전소, 풍력 발전소, 조력 발전소, 바이오가스 시설 같은 재생에너지를 만드는 시설을 계속 세우고 있지요. 또한 재생에너지를 더욱 활용하기 위한 적극적인 방법도 다양하게 연구하고 있습니다. 실제로 부산광역시 기장군에 국내 처음으로 태양광과 풍력 등을 활용한 단독 주택 단지를 세울 계획입니다. 화석 연료를 거의 수입할 뿐 아니라 이산화탄소를 많이 배출하는 우리나라에서 재생에너지를 개발하고 실제로 생활에 사용하는 일은 더 이상 미룰 수 없는 중요한 과제입니다.

Q&A 꼭 알고 넘어가자!

문제 1 물체의 온도와 형태를 변화시키는 에너지를 열에너지라고 합니다. 열에너지가 일상생활에서 어떻게 쓰이는지 말해 보세요.

문제 2 화석에너지 중에서 가장 많이 사용되는 에너지원은 무엇일까요? 그 에너지원이 어떻게 쓰이는지도 말해 보세요.

---

3. ❶ 태양에너지 – 많은 집열판으로 이용해 태양열원을 모아 전기를 만듭니다.
❷ 바람에너지 – 바람의 힘으로 풍차를 돌려 전기를 만듭니다.
❸ 파도에너지 – 물결 모양의 발전기를 바다에 띄워 파도가 칠 때 운동에너지를 얻을 수 있습니다.
❹ 땅속의 열에너지 – 온천 등 지하의 열을 이용해 전기를 만듭니다.
❺ 수소에너지 – 지구상에 무한정 많은 물을 이용해 에너지를 얻는데, 가스나 액체로 쉽게 사용할 수 있고, 물질 중 용량이 적어 많은 사람이 에너지원입니다.

문제 3 재생에너지는 고갈되지도 않고 환경 문제도 일으키지 않습니다. 그렇다면 재생에너지에는 무엇이 있는지 세 가지 이상 답하고, 어떻게 에너지로 만들어지는지 설명해 보세요.

정답

1. 사람들은 에너지를 이용하며 살아갑니다. 음식으로 얻는 열 에너지로 몸이 따뜻해지고, 운동을 할 수 있으며, 음식을 요리하고 집을 따뜻하게 데우는 등 일상생활에 용품을 만들거나 사용하여 에너지를 이용합니다. 그러나 그 자원은 한정되어 있어야 합니다.

2. 재생입니다. 재생은 세계에서 가장 많이 사용되는 에너지입니다. 자동차, 배, 비행기도 사용되고 있는 연료로 쓰입니다. 우리가 사용하는 정유회사의 휘발유, LPG, 부탄 등 많은 다양한 형태의 연료를 만들어낼 수 있습니다. 일상 생활, 페인트, 화장품, 세제 등 우리 생활에서 사용되는 대부분의 용품을 만드는 데 재생으로 만들어집니다. 우리 주변에서 사용하고 있는 물건 중 많은 것들을 찾아보기 아주 쉽게 찾을 수 있습니다.

관련 교과
초등 5학년 2학기 1. 환경과 생물
초등 6학년 1학기 4. 생태계와 환경
초등 6학년 2학기 3. 쾌적한 환경
중학교 1학년 3. 상태 변화와 에너지

3. 에너지 절약

스위치를 켜기만 하면 방 안을 환히 밝힐 수 있고, 수도꼭지를 열기만 하면 마음껏 물을 쓸 수 있어요. 이렇게 쉽고 넉넉하게 사용할 수 있는 에너지를 왜 굳이 절약해야 할까요? 또 어떻게 하면 에너지를 절약할 수 있을까요?

 # 왜 에너지를 절약해야 하나요?

인류가 현재 사용하는 에너지의 대부분은 화석에너지이거나 화석에너지로 만든 만든 에너지입니다. 석탄이나 석유, 천연가스 같은 화석에너지가 생겨나는 데는 수백만 년, 수천만 년의 세월이 필요했지요. 하지만 인류는 이 에너지를 200년 사이에 다 써 버리려 하고 있습니다. 우리가 지금같이 에너지를 소모한다면 얼마 지나지 않아 현재의 화석에너지는 모두 고갈되고 말 것입니다. 만약 화석에너지가 고갈된다면 어떤 일이 벌어질까요?

지금처럼 화석 연료 위주로 에너지를 사용하면 생기는 또 다른 문제는 환경 오염입니다. 우리가 사용한 에너지 때문에 지구의 환경에는 많은 변화가 찾아왔습니다. 화석 연료의 사용으로 많은 이산화탄소가 배출되어 공기 중의 이산화탄소 농도가 증가했습니다. 온실가스 중 하나인 이산화탄소가 증가하여 지구는 점차 기온이 올라가고 있습니다.

나라별로 1인당 이산화탄소 배출량을 보면 미국, 호주, 캐나다 순서입니다. 일본은 우리나라보다 약간 높은 수준, 영국은 우리나라보다 약간 낮은 수준입니다. 우리나라는 2007년 기준, 1인당 이산화탄소 배출량이 세계 28위입니다.

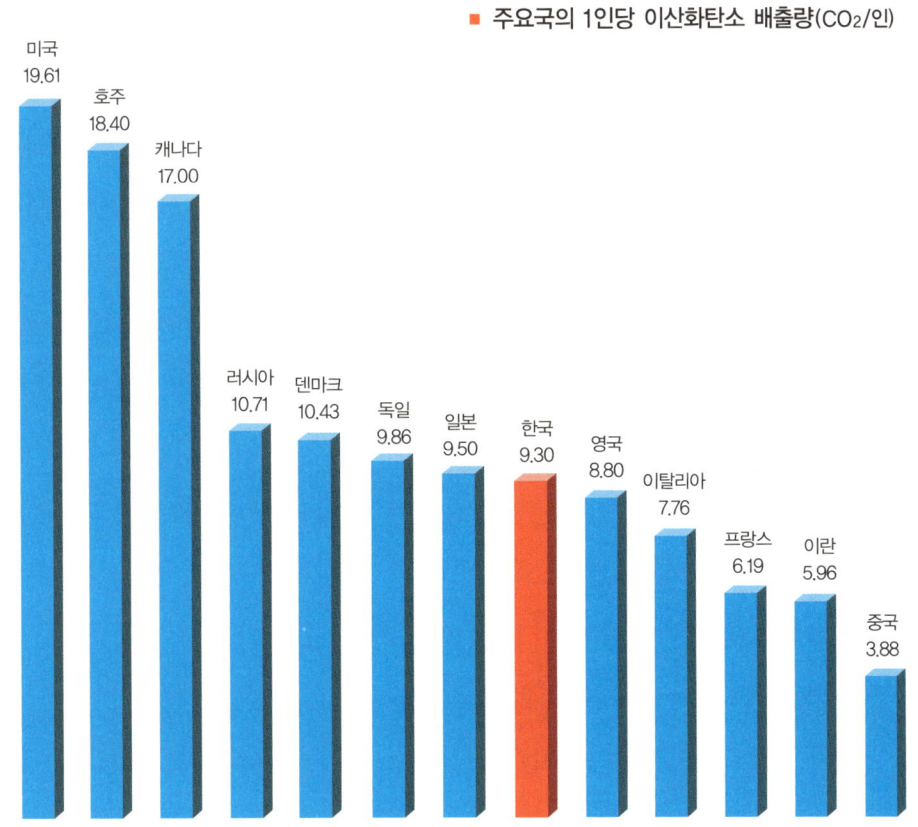

■ 주요국의 1인당 이산화탄소 배출량(CO_2/인)

　우리가 에너지 사용을 줄여 이산화탄소 배출을 줄이기 위해 노력하지 않는다면 지구의 기온은 계속 올라갈 것입니다. 그러면 북극과 남극의 얼음이 녹아 해수면이 상승하고 결국 쓰나미, 태풍, 엘니뇨, 가뭄 같은 기상 이변이 계속 일어날 것입니다.

　최근 수십 년 동안 극지방의 얼음 두께는 계속 얇아지고 있습니다. 봄과 여름에 북반구의 빙산이 녹아내리면서 해수면의 높이가 상승하여 투발루, 키리바시 공화국의 일부 섬, 몰디브, 파푸아 뉴기니 등 남태평양 섬나라가 물에 잠기고 있습니다. 그중 투발루라는 섬나라는 전 국토가 바다에 잠길 위험에 처해 뉴질랜드로 이주해야 할 정도입니다.

　그리고 폭염과 폭풍 등의 기상 이변이 자주 일어나고, 사막화 또한 급속히 진행되고 있습니다. 이러한 기온 변화와 기상 이변은 살아가는 터전을 변화시켜 수많은 생물을 멸종시킬 것입니다. 사람도 잦은 자연재해와

사막화 현상으로 식량 부족과 물 부족 같은 문제를 겪게 될 것입니다.

따라서 우리는 현재 화석 연료로 쓰고 있는 에너지를 아끼고, 고갈되지 않으면서도 오염 물질을 배출하지 않는 새로운 에너지원을 개발할 필요가 있습니다.

에너지를 아끼고, 화석 연료 대신 재생에너지를 사용하려는 사람이 점점 늘어나고, 이러한 움직임이 세계로 퍼지면 우리의 에너지 미래는 아주 어둡지만은 않을 것입니다.

지구 온난화로 극지방의 얼음이 녹으면서 북극곰이 살 곳도 없어지고 있다.

# 환경 보호와 에너지 절약

프레온 가스

프레온 가스는 화학적으로 안정되어 있어 금속을 부식하지 않아 냉매, 분무제 등에 쓰입니다. 프레온 가스는 1920년대 후반 미국의 토머스 미즐리가 발견했고, 사람에게 해가 없어서 한때 '꿈의 물질'이라고까지 불렸지만 오존층을 파괴하는 주범임이 밝혀졌습니다. '프레온'은 미국 화학 회사 듀폰의 상품 이름입니다.

세계 여러 나라는 에너지 고갈 문제와 환경 문제에 맞닥뜨리면서 이러한 문제들을 해결하기 위해 범지구적 차원의 노력이 필요하다고 합의했습니다.

오존층은 태양에서 나오는 자외선 대부분을 차단해 주는 역할을 합니다. 그런데 스프레이, 살충제, 할론(소화기에 많이 사용하는 화합물), 사염화탄소, 냉장고 등에 쓰이는 프레온 가스 등에 의해 오존층이 파괴되고 있다는 사실이 밝혀졌습니다. 그래서 1987년에 각국의 대표가 캐나다의 몬트리올에 모여 이런 화학 약품의 사용을 금지하자는 내용의 의정서를 만들었습니다.

1992년 브라질 리우데자네이루에서는 각국의 대표와 시민 단체가 모여 환경 회의를 열고 이산화탄소를 비롯한 온실가스의 방출을 제한하여 지구 온난화를 방지하자는 기후변화협약을 맺었습니다. 이것을 리우환경협약이라고도 합니다. 우리나라도 이 협약에 서명했습니다. 이 협약에 가입한 국가들은 매년 온실가스를 줄이기 위한 방안을 논의하고 결정합니다.

1997년 일본 교토에서 열린 기후변화협약 총회는 지구 온난화를 막기

오존층이 약해져 강해진 자외선의 영향으로 잎이 작게 자라고 엽록소가 파괴되었다.

위해서 각 국가가 의무적으로 줄여야 하는 온실가스 양을 결정했습니다. 이 내용이 바로 교토 의정서입니다. 이에 따라 각 국가는 화석 연료의 사용을 줄이고 에너지를 아끼기 위한 정책을 세우고 필요한 조치를 취해야 합니다. 에너지 효율이 높은 제품의 사용을 장려하고, 온실가스를 흡수할 수 있는 숲과 늪지를 보호하고, 재생에너지 연구를 지원하는 등의 정책입니다.

스웨덴, 핀란드, 네덜란드, 덴마크, 노르웨이 같은 국가에서는 탄소세를 부과하고 있습니다. 이산화탄소를 배출하는 석유, 석탄 등 각종 화석에너지를 사용할 때 세금을 내게 하여 화석 연료의 사용은 줄이고 재생에너지 사용을 늘리려는 정책입니다.

이산화탄소의 배출을 줄일 수 있는 신기술을 개발하려는 연구도 활발합니다. 노르웨이에서는 1996년 세계 최초로 이산화탄소를 모아 해저에 묻는 실험에 성공했습니다.

생태 도시

브라질의 쿠리치바는 자동차의 출입을 막고 대신 차 없는 거리와 버스 전용 도로를 만들어 누구나 편리하게 오갈 수 있게 했습니다. 덕분에 쿠리치바에는 교통난이 없습니다. 엄격한 환경 기준을 세워 도시를 운영하여 공해가 없고, 나무 심기와 공원 만들기에 힘써 녹지 비율이 높으며, 시민이 모두 재활용을 실천하는 도시입니다.

콜롬비아의 가비오타스는 20여 명의 사람들이 모여 시작한 친환경 생태 마을입니다. 지금은 200여 명의 사람들이 살고 있지요. 이곳에서는 아이들의 시소와 그네에 펌프를 연결해 지하수를 끌어 올리고 태양열로 식수를 끓이고 풍차를 돌려 에너지를 얻습니다. 수경 재배로 농사를 짓고 나무를 심어 사막을

숲으로 가꾸고 있지요.

독일의 오스트리츠는 숲이 많고 바람도 세차게 부는 자연환경 특성을 이용하여 화석 연료에 의존하지 않고 마을 전체가 사용한 에너지를 생산하고 있습니다. 나무와 식물성 기름을 사용하는 열 병합 발전소와 풍력 발전기, 소수력 발전 시설이 설치되어 전기를 생산하고 있습니다. 또한 소방서 지붕 위에 태양열 집열 장치와 태양 전지를 설치하여 재생할 수 있는 에너지를 이용하기 위해 최선을 다하고 있습니다.

독일의 프라이부르크는 태양의 도시로 유명합니다. 이곳에는 태양열을 이용한 주택이 즐비합니다. 이산화탄소 배출을 줄이고 재생에너지를 이용하는 것이 프라이부르크의 중요한 정책입니다. 160㎞나 되는 자전거 전용 도로는 프라이부르크의 자랑거리입니다. 일본의 기타큐슈는 세계적인 공해 도시에서 세계적인 환경 도시로 탈바꿈했습니다. 시와 기업이 협력하여 무공해 에너지원을 사용하고 공장 안에 숲을 만들도록 하는 등 적극적인 환경 정책을 펼친 결과입니다. 기타큐슈에서는 이제 차세대 에너지원인 수소에너지 개발에 힘쓰고 있습니다.

에너지 절약 방법

　지금까지 인류의 에너지 사용량은 매년 증가했습니다. 에너지 소비량이 계속 증가한다면 화석에너지를 재생에너지로 대체할 수 있는 날은 올 수 없습니다. 인류는 에너지 고갈과 지구 온난화에 대한 걱정에서 벗어날 수 없겠지요.

　어떻게 하면 에너지를 아낄 수 있을까요?

　우리가 사용하는 냉장고, 세탁기, 전등, 자동차 같은 여러 제품에는 똑같은 일을 하면서도 에너지를 많이 쓰는 제품과 적게 쓰는 제품이 있습니다. 같은 거리를 달려도 에너지 효율이 높은 자동차는 에너지 효율이 낮은 자동차보다 휘발유를 적게 사용하지요. 따라서 에너지를 효율적으로 쓰도록 설계된 시설이나 제품을 선택하면 에너지를 아낄 수 있습니다.

　건물을 지을 때, 벽과 유리창의 단열을 철저히 하면 추위와 더위를 막아 주어 겨울에는 난방에 드는 에너지, 여름에는 냉방에 드는 에너지를 절약할 수 있습니다. 창문을 이중창으로 하고 커튼이나 블라인드를 달면 같은 에너지로도 겨울은 더 따뜻하게, 여름은 더 시원하게 보낼 수 있습니다.

　벽에 아이비 같은 담쟁이 식물이 자라게 하면 여름에 실내 온도를 2℃가량 낮출 수 있지요. 독일에서는 여름에 냉방 에너지를 줄이기 위해 건물 벽에 담쟁이 식물을 키우는 운동을 벌이고 있습니다.

미국 캘리포니아의 데이비스 시에서도 도시 전체의 냉방 에너지를 줄이기 위해 건물 주위에 나무를 심고 마당에는 잔디를 심는 운동을 벌였습니다. 그 결과 데이비스 시의 시민은 여름에도 에어컨을 켜지 않아도 됩니다.

에너지 효율이 높은 제품을 확인할 수 있도록 가전제품에는 1등급에서 5등급까지 에너지 소비 효율 등급이 표시되어 있습니다. 1등급 제품이 에너지 효율이 가장 높습니다. 5등급 제품보다 약 40%까지 에너지를 절약해 줍니다. 에너지 소비 효율 등급은 점

점 확대되어 이를 표시하는 가전제품도 계속 늘어나고 있고 건물에까지도 에너지 소비 효율을 적용할 계획입니다.

사용하지 않는 전원을 끄고, 플러그를 뽑아 두는 것 또한 에너지를 절약하는 방법입니다. 전기는 사용하지 않더라도 전원과 연결되어 있으면 계속 에너지를 소모합니다. 그래서 사용하지 않는 빈방이나, 화장실, 주방의 전등을 끄는 것, 휴대전화의 충전기, 컴퓨터를 사용하지 않을 때 플러그를 뽑아 두는 일은 별것 아닌 듯해도 많은 에너지를 절약해 줍니다.

혹시 에너지 절약 마크를 본 적 있나요? 제품을 사용하지 않는 시간에는 자동으로 절전 상태로 전환되거나, 플러그만 꽂은 상태에서는 사용 전력을 최소화하는 제품에 에너지 절약 마크를 붙일 수 있습니다. 에너지 절약 마크가 붙은 제품을 선택하는 것도 에너지를 아끼는 방법입니다.

우리가 조금만 불편하게 생활한다면 많은 에너지를 절약할 수 있습니다. 난방 온도를 1℃만 낮추어도 난방비를 7% 절약할 수 있고, 냉방온도를 1℃만 올려도 한 해에 전기 요금을 3조 원가량 절약할 수 있습니다. 실내 온도와 바깥 기온과의 온도 차는 5도 이내가 건강에도 좋습니다. 겨울철에는 내복을 입거나 얇은 옷을 껴입으면 난방 온도를 낮추더라도 따뜻하게 지낼 수 있지요. 여름철에도 에어컨을 약하게 틀고 선풍기와 함께 이용하는 것이 좋습니다.

가까운 거리는 걸어 다니고 되도록 대중교통을 이용하는 것, 샤워하거나 설거지하면서 물을 사용하지 않을 때는 수도꼭지를 잠그는 것 역시 에너지를 아낄 수 있는 방법입니다.

　재활용에 참여하는 것도 에너지를 아낄 수 있는 방법입니다. 알루미늄, 스테인리스, 유리병, 헌 종이, 우유팩, 페트병 등은 쉽게 재활용할 수 있는 물품입니다. 이런 물건들을 재활용하면 원료를 생산하지 않아도 되기 때문에 자원과 에너지를 아낄 수 있고 쓰레기 양도 줄어듭니다.

다양한 재활용 마크.

문제 1. 에너지를 절약해야 하는 이유는 무엇일까요?

문제 2. 환경을 보호하고 에너지를 절약하기 위해 세계는 어떤 노력을 하고 있나요?

양치할 때 컵을 사용하고 샤워 시간을 5분 이내로 줄이면 물을 아낄 수 있고, 기름도 절약되고 개울물이 있습니다.

쓰는 기름이 난방용을 할 때 1℃만 낮추어도 난방비를 7% 절약할 수 있고, 난방 온도로 잘 때에 적정 온도를 유지해야 합니다. 자동차 대신에 가까운 곳은 걸어 다니거나 대중교통을 이용하는 것이 좋습니다. 가스레인지나 전기 대신에 전자레인지를 사용하면 에너지를 아낄 수 있습니다. 사용하지 않는 콘센트는 뽑아 놓는 것도 에너지를 절약할 수 있는 방법입니다.

문제 3 일상생활에서 에너지를 절약할 수 있는 방법에 대해 말해 보세요.

정답

1. 우리가 흔히 사용하고 있는 에너지에는 대부분 화석에너지이거나 화석에너지를 사용하여 만들어 낸 에너지입니다. 지금처럼 에너지를 계속 많이 사용하면 얼마 남지 않은 지구의 화석에너지는 곧 고갈될 것입니다. 석유 등의 화석 에너지를 사용하여 생기는 이산화탄소 때문에 지구의 기온이 계속 올라가고 있습니다.

2. 오존층은 태양의 자외선을 차단해 줍니다. 그런데 요즈음에 남극 상공에 큰 오존 구멍이 생겼습니다. 자외선은 피부암, 대표적인 각막염의 원인이 되기도 하며 면역체계를 약화시킵니다. 오존층을 보호하기 위해서는 일상생활에서 사용하는 냉장고나 에어컨, 스프레이 등의 사용을 줄여야 합니다.